싱·글·로·가·는
원포인트
레슨 ONE

이상무 지음 | 임진한 감수

삼호미디어
samho MEDIA

머리말

『싱글로 가는 길』을 출판한 지 10년 만에 이 책 『싱글로 가는 원포인트레슨』을 펴내게 되어 감회가 새롭다. 이 책은 SBS골프채널에서 임진한 프로와 프로그램을 진행한 내용뿐만 아니라 오랜 기간 골프를 치면서 느꼈던 점을 새롭게 정리한 것이다.

물론 책을 내기에 앞서 나 자신이 아마추어 골퍼이기에 레슨서를 낸다는 것에 대하여 망설였던 것 또한 사실이다. 그러나 골프를 처음 시작하는 분들에게 작은 도움이라도 줄 수 있으면 좋겠다는 생각으로 책을 내게 되었다.

국내외에 적지 않은 레슨서가 나와 있지만, 항상 곁에 두고서 그때 그때 필요한 교정을 할 수 있는 레슨서가 부족한 것이 사실이다. 이 책은 '원포인트 레슨' 방식으로 구성되어, 초보자는 물론 로우 핸디 골퍼들에게도 유용한 내용을 싣고자 하였다.

이 책의 특징은
첫째, 부분별 사진이나 그림, 교과서적인 어려운 설명이 아니라 한눈에 들어오는 그림으로 문제의 원인을 알기 쉽게 설명하였다.
둘째, 실제 플레이에서 발생할 수 있는 여러 가지 문제 상황에 대하여 적합한 해결방법을, 본인의 경험에 비추어 효과적으로 설명하였다.
셋째, 골프명언을 통하여 기술적인 문제뿐만이 아니라 바람직한 골퍼의 자세에 대하여 생각해 보도록 하였다.
넷째, 초보자들을 위하여 골프용어 해설과 유용한 골프 사이트를 소개하였다.

흔히 골프는 인생에 비유되곤 한다. 인간의 지혜로 발명한 놀이 중에서 골프만큼 즐거운 놀이도 없으며, 천국과 지옥이 교차하는 게임이 골프이다. 또한 백 개의 핑계로 이루어지는 게임이다. 반면에 모든 사람들에게 공평한 규칙을 적용하는 게임이기도 하다.

90의 벽을 깨려고 플레이 하지만, 귀가길 차 안에서 '다음엔 꼭 100을 깨야지'라고 다짐하는 골퍼 여러분에게 이 책이 비장의 15번째 클럽이 되어, 좀 더 플레이를 즐기며 스코어를 줄이는 데 도움이 되길 바란다.

감수글

골프를 배우는 방법은 많다. 책이나 비디오 테이프를 통해 배우거나, 연습장에 찾아가 강사에게 직접 배우는 방법 등이 있을 것이다. 그리고 사람들은 저마다 나름대로의 학습 스타일이 따로 있다. 시각적으로 더 잘 배울 수 있는 사람, 운동 감각이 좋아 시범이나 긴 설명이 필요없는 사람 등등.

하지만 골프를 배울 때 무엇보다 중요한 것은 골프의 기본인 스윙에 대한 완벽한 이미지와 개념을 머릿속에 그려 놓아야 한다. 그렇게 하기 위한 가장 좋은 방법은 책을 통해 이미지와 개념을 머릿속에 넣은 다음, 연습장이나 골프장에 나가 스윙 이미지를 몸으로 익히는 것이다.

이 책에서는 골프의 기본인 그립법과 어드레스의 기초를 먼저 다루고 드라이버 샷과 아이언 샷 등의 스윙법을 꼼꼼하게 지적하고 있다. 뿐만 아니라 초보자라면 반드시 탈출하고 싶은 슬라이스 퇴치법, 어려운 코스에서 빠져 나올 수 있는 트러블 샷, 악천후에서의 샷, 코스를 완벽하게 공략할 수 있는 법 등을 자세하게 다루고 있다.

이상무 화백은 SBS골프채널의 〈싱글로 가는 길〉을 함께 진행하면서, 완벽한 동작과 포인트를 잡아주는 그림으로 골프에 갓 입문한 초보자들은 물론 오랜 구력의 골퍼들조차도 좀더 쉽게 골프와 친해질 수 있도록 많은 기여를 하였다. 더구나 『싱글로 가는 원포인트 레슨』과 같은 훌륭한 교습서를 내게 된 것은 국내 골프의 발전을 위하여 대단히 고무적인 일이라고 하겠다.

14년 구력의 싱글골퍼인 이상무 화백의 실전 게임 감각과 노하우가 녹아있는 이 책은 골프 초보자들은 물론 타수가 좀처럼 줄어들지 않는 골퍼들에게 좋은 골프 지침서가 될 것이다. 이 책을 보면서 직접 따라하다 보면 여러분의 골프 실력은 자신도 몰라 볼 정도로 향상될 것이다.

임진한 골프트레이닝센터(LGTC) 소장
임진한 프로

차례

제1장 그립과 어드레스 · 7

1. 그립의 종류와 바른 그립법 · 8
2. 스윙 중 그립이 변하지 않도록 유념하라 · 9
3. 어드레스의 순서 · 10
4. 클럽에 따라 공의 위치가 달라진다 · 11
5. 공과의 거리 · 12
6. 어드레스 때 팔의 위치 · 13

제2장 드라이버 샷 · 15

1. 장타를 위한 드라이버의 셋업 · 16
2. 거리를 내기 위한 드라이버 샷 · 17
3. 왼쪽 겨드랑이를 조여주면 원활한 리스트 턴이 된다 · 18
4. 백 스윙으로 거리를 늘리는 법 · 19
5. 백 스윙이 크면 거리도 는다 · 20
6. 오버 스윙 교정법 · 21
7. 장타를 위한 힘의 분배 · 22
8. 하체의 힘이 비거리를 증대시킨다 · 23
9. 엉덩이의 올바른 움직임이 다리힘을 보강시킨다 · 24
10. 머리를 고정시켜야 폴로스루가 커진다 · 25
11. 왼 사이드의 벽을 견고히 하라 · 26
12. 임팩트 · 27
13. 파워 있는 드라이버 샷을 날리려면 · 28
14. 장타를 내고 싶다면 높고 큰 폴로스루를 쳐라 · 29
15. 드라이버 샷을 띄우는 법 · 30
16. 체중이동과 피니시 · 31

제3장 아이언 샷 · 33

1. 헤드 무게를 느끼며 아이언 샷을 날린다 · 34
2. 손의 움직임이 빠르면 헤드의 움직임은 느리다 · 35
3. 아이언과 우드 타법의 이해 · 36
4. 인사이드 인의 스윙 궤도를 만드는 법 · 37
5. 백 스윙 시작이 좋아야, 좋은 스윙을 가져온다 · 38
6. 아이언 샷의 방향성을 향상시키려면 · 39
7. 아이언 샷은 찍어치는 것이 아니다 · 40
8. 티업된 공도 디보트를 낸다는 느낌으로 쳐내려간다 · 41
9. 마음껏 휘두르는 여유부터 시작하라 · 42
10. 아이언 샷은 백 스윙 때 클럽 페이스가 공을 향하도록 한 채 들어올린다 · 43
11. 아이언 샷의 토핑 방지 · 44
12. 뒤땅 방지법(1) · 45
13. 뒤땅 방지법(2) · 46
14. 생크 방지법 · 47
15. 인사이드 인의 스윙 연습 · 48
16. 스윙의 템포 · 49
17. 드로우 볼을 치려면 · 50
18. 공을 낮게 깔아치려면 · 51
19. 공을 높게 띄우려면 · 52
20. 체중이동 · 53
21. 롱 아이언 샷 · 54
22. 롱 아이언의 탄도를 높이려면 · 55
23. 디보트에서의 샷(1) · 56
24. 디보트에서의 샷(2) · 57
25. 디보트에서의 샷(3) · 58

제4장 슬라이스와 훅 퇴치법 · 59

1. 슬라이스 퇴치법(1) · 60
2. 슬라이스 퇴치법(2) · 61
3. 슬라이스 퇴치법(3) · 62
4. 슬라이스 퇴치법(4) · 63
5. 훅 퇴치법(1) · 64
6. 훅 퇴치법(2) · 65
7. 훅 퇴치법(3) · 66

제5장 페어웨이 우드 샷 · 67

1. 페어웨이 우드 샷 · 68
2. 페어웨이 우드의 토핑 방지 · 69
3. 업 힐에서의 페어웨이 우드 샷 · 70
4. 다운 힐 라이의 페어웨이 우드 샷 · 71
5. 비러프에서의 우드 사용법 · 72

제6장 벙커 샷 · 73

1. 벙커 샷의 기본(1) · 74
2. 벙커 샷의 기본(2) · 75
3. 벙커 샷은 몸의 움직임을 최소화하라 · 76
4. 벙커 샷의 미스와 해결책 · 77
5. 벙커 샷은 클럽 페이스의 방향이 바뀌지 않도록 해준다 · 78
6. 스핀이 걸리는 벙커 샷 · 79
7. 내리막 경사, 오르막 경사의 벙커 샷 · 80
8. 공은 벙커 안, 스탠스는 벙커 턱에서 샷을 할 때 · 81
9. 스탠스는 벙커 안, 공은 벙커 턱에 있을 때 · 82
10. 한발은 벙커 안, 한발은 벙커 밖에서의 벙커 샷 · 83
11. 파묻힌 공의 벙커 샷 · 84
12. 젖은 벙커에서의 샷 · 85
13. 벙커 샷에서 거리를 맞추는 법 · 86
14. 50야드의 벙커 샷 · 87
15. 40~50야드의 벙커 샷 · 88
16. 페어웨이 벙커 샷(1) · 89
17. 페어웨이 벙커 샷(2) · 90

제7장 어프로치 샷 · 91

1. 70~80야드의 어프로치 샷 · 92
2. 50야드 전후의 어프로치 샷 · 93
3. 포대 그린의 어프로치 샷 · 94
4. 쇼트 어프로치 샷 · 95
5. 그린 주위의 어프로치 샷(1) · 96
6. 그린 주위의 어프로치 샷(2) · 97
7. 쇼트 어프로치 때 어드레스의 차이에 의해 구질이 달라진다 · 98
8. 다양한 클럽으로 핀에 붙이기 · 99
9. 그린 주변에서 라이가 좋으면 퍼터를 사용한다 · 100
10. 핀이 바로 앞에 있을 때 · 101
11. 내리막 경사의 그린에 핀이 가까울 때 · 102
12. 러브(Lob) 샷 · 103
13. 맨땅에서의 어프로치 샷 · 104
14. 역으로 누운 그린 주변의 러프에서의 샷 · 105
15. 그린 주변의 깊은 러프 · 106
16. 그린 에지의 경계에 붙어있는 공의 처리 · 107

제8장 퍼팅 · 109

1. 퍼팅 그립 · 110
2. 퍼팅의 종류 · 111
3. 퍼팅의 기본 · 112
4. 롱 퍼트 · 113
5. 롱 퍼트의 거리 맞추는 법(1) · 114
6. 롱 퍼트의 거리 맞추는 법(2) · 115
7. 쇼트 퍼트(1) · 116
8. 쇼트 퍼트(2) · 117
9. 오르막 라인과 내리막 라인의 퍼팅 · 118
10. 경사진 라인의 퍼트 · 119
11. 심한 경사라인의 퍼팅법 · 120
12. 빠른 그린과 느린 그린 · 121
13. 그린의 역결과 순결을 파악하라 · 122
14. 시간대별로 상태가 달라지는 그린 공략 · 123
15. 지형에 따라 경사면을 읽는다 · 124

제9장 경사면에서의 샷 · 125

1. 발끝이 높은 오르막 경사(1) · 126
2. 발끝이 높은 오르막 경사(2) · 127
3. 발끝이 낮은 내리막 경사(1) · 128
4. 발끝이 낮은 내리막 경사(2) · 129
5. 업 힐 · 130
6. 업 힐 라이에서 주의할 점 · 131
7. 다운 힐 · 132
8. 다운 힐에서 주의할 점 · 133
9. 다운 힐 라이에서는 생크를 주의하라 · 134
10. 업 힐, 다운 힐 라이의 스윙 궤도의 이해 · 135
11. 내리막 경사면(1) · 136
12. 내리막 경사면(2) · 137

제10장 트러블 샷 · 139

1. 긴 잔디에 파묻힌 공의 샷 · 140
2. 숲속에서의 탈출 샷 · 141
3. 백 스윙이 나무에 걸릴 때 · 142
4. 긴 거리를 남겨둔 러프 샷 · 143
5. 공의 라이에 따라 클럽을 선택 · 144
6. 나무를 피해가는 슬라이스 샷 · 145
7. 나무를 피해가는 훅 샷 · 146
8. 나무를 넘기는 클럽 선택 · 147
9. 나무를 넘기는 샷 · 148

제11장 바람 불고, 비오는 날의 샷 · 149

1. 맞바람 부는 날의 드라이버 샷 · 150
2. 맞바람 부는 날의 아이언 샷 · 151
3. 뒷바람이 불 때의 드라이버 샷 · 152
4. 측면에서 부는 바람일 때의 샷 · 153
5. 바람의 측정 · 154
6. 비오는 날의 샷 · 155
7. 비오는 날의 클럽 선택 · 156
8. 비오는 날은 여유 있는 마음을 가져라 · 157
9. 비가 올수록 몸을 충분히 돌려주며 샷을 하라 · 158
10. 비오는 날의 아이언 샷 · 159
11. 비오는 날의 쇼트 아이언 · 160
12. 비오는 날의 쇼트 어프로치 · 161
13. 비오는 날의 퍼팅 · 162
14. 비오는 날의 퍼트 라인 읽는 법 · 163

제12장 코스 공략법 · 165

1. 첫 홀의 티샷은 안전한 클럽을 선택하라 · 166
2. 미묘한 거리에선 큰 클럽을 선택한다 · 167
3. 포대 그린의 핀 공략법 · 168
4. 내리막 그린의 공략 · 169
5. 그린 중앙은 다른 어느 곳보다도 핀에 가까운 곳이다 · 170
6. 코스 공략법 · 171
7. 긴 거리의 그린 공략법 · 172
8. 지나치면 짧은 것보다 못하다 · 173

부록 용어해설 및 골프 사이트 가이드

ㄱ-ㄷ · 14 / ㄹ-ㅂ · 32 / ㅅ-ㅇ · 108 / ㅈ-ㅎ · 138 /
골프 사이트 가이드 · 164

onepoint lesson

제1장
그립과 어드레스
GRIP & ADDRESS

1 그립의 종류와 바른 그립법

그립의 종류

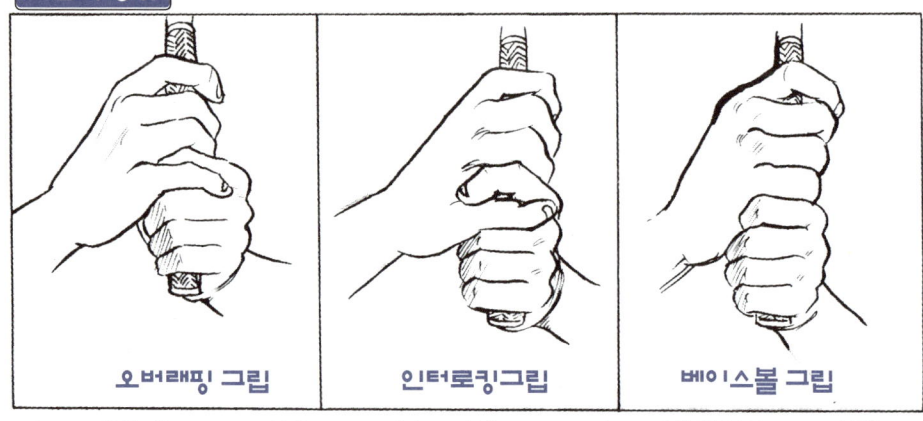

오버래핑 그립   인터로킹그립   베이스볼 그립

일반적으로 오버래핑 그립을 많이 선호하고 있음. 그러나 손이 작은 동양인이나 여성은 인터로킹 그립을 많이 함.

왼손

새끼 손가락 첫관절과 검지 두 번째 관절을 샤프트가 통과하게 하여 잡는다.

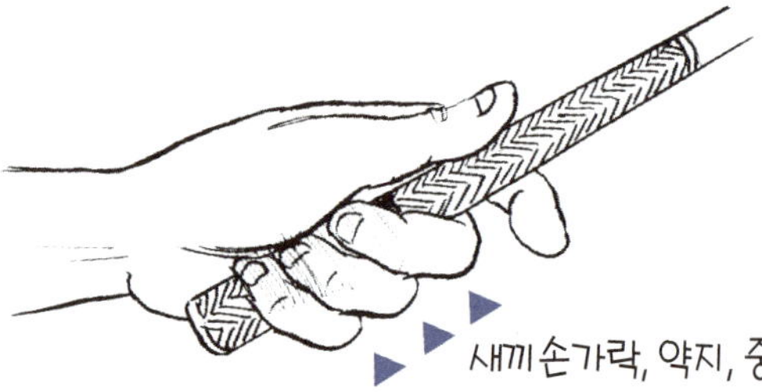

새끼 손가락, 약지, 중지의 힘만으로 잡는다.

오른손

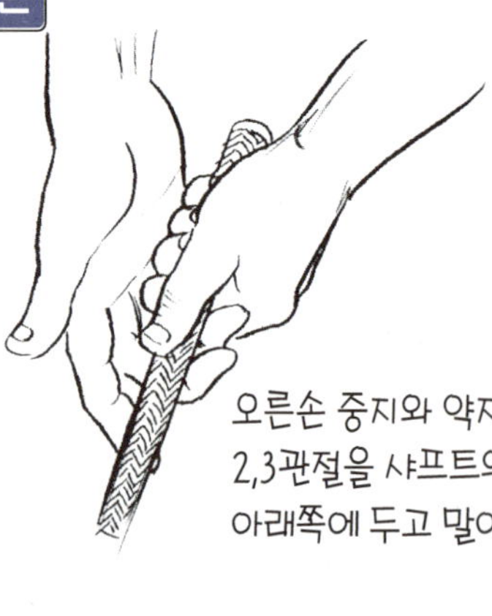

오른손 중지와 약지의 2,3관절을 샤프트의 아래쪽에 두고 말아쥔다.

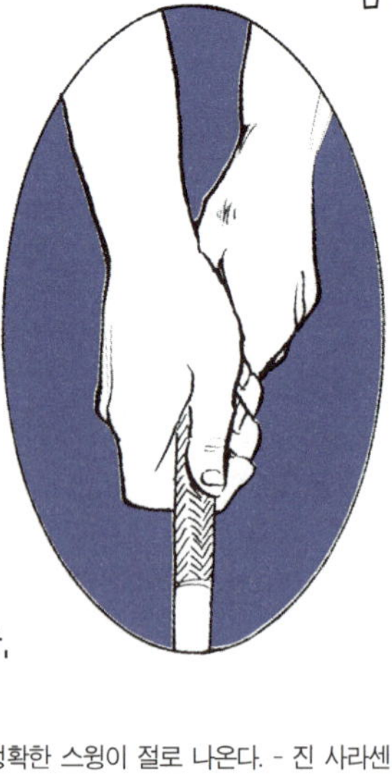

완성된 그립

● 정확한 그립을 마스터하면 정확한 스탠스와 정확한 스윙이 절로 나온다. - 진 사라센 ●

스윙 중 그립이 변하지 않도록 유념하라 2

클럽의 그립이 유난히 잘 닳는 아마추어 분들이 많다. 스윙 중 그립이 손에서 놀기 때문에 나타나는 현상인데 그립이 견고하지 못하면 일정한 샷을 할 수 없게 된다.

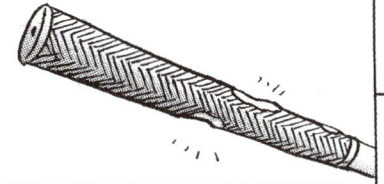

그렇다고 그립이 노는것을 방지하기 위해 꽉 잡는다면 스윙이 경직이 되어서 좋지않다.

그립이 잘 닳는다는 것은 임팩트 때 특별히 힘을 가하는데 원인이 있기도 하지만 몸통 회전이 좋지 않아서 나타나는 현상이다. 특히 임팩트 이후에 어깨를 끝까지 돌려주지 않으면 손이 따라가지 못하고 느슨해지며 손사이, 특히 왼손 새끼손가락이 벌어지게 되며 헤드는 아래로 떨어진다. 이때 그립이 닳는 현상이 나타난다. 어깨를 끝까지 돌려서 손을 따라간다고 생각한다.

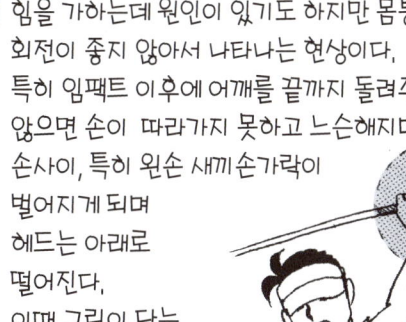

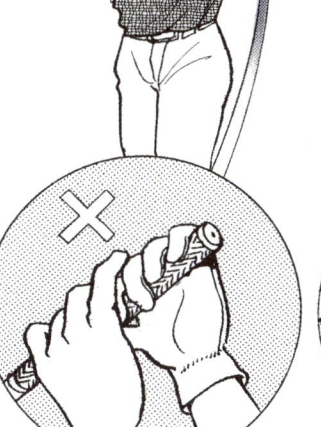

3 어드레스의 순서

어드레스 때 공과 클럽페이스는 목표선과 일치하고 스탠스와 어깨선은 목표물과 평행을 이루어야 한다.

잘못된 어드레스
대개의 아마추어들은 목표선에 스탠스와 왼쪽 어깨를 맞춰서는 경향이 있는데 잘못된 자세이다.

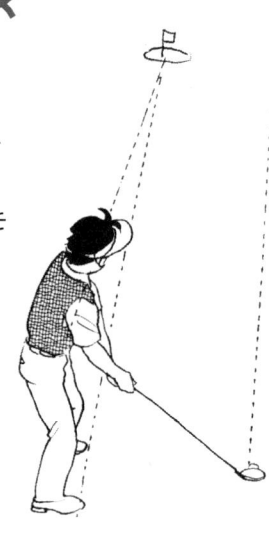

순서

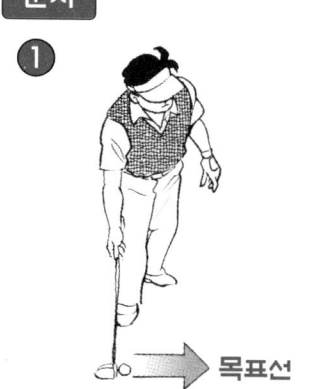

① 목표선에 클럽 페이스와 오른발을 직각이 되도록 맞춘다.

② 왼발을 오른발에 붙여 선다.

③ 다시 오른발을 어깨 넓이로 편안하게 벌려준다.

● 대부분의 경우 방향성에 문제가 있는 사람은 스윙보다도 그립이 나쁘다. - 해리 버든 ●

클럽에 따라 공의 위치가 달라진다 4

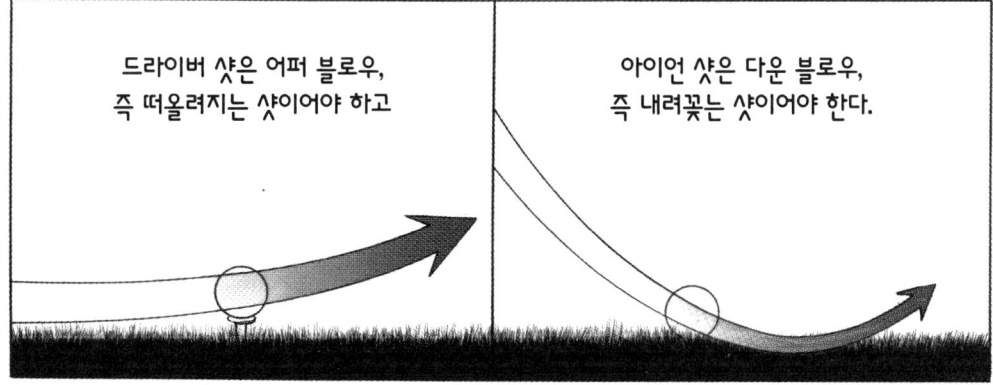

어퍼 블로우 샷과 다운 블로우 샷을 용이하게 하려면 스윙 궤도에서 공의 위치가 달라져야 한다. 클럽이 짧아질수록 공의 위치는 오른쪽으로 오게끔해야 하며 스탠스 폭도 점점 좁아져야 한다.

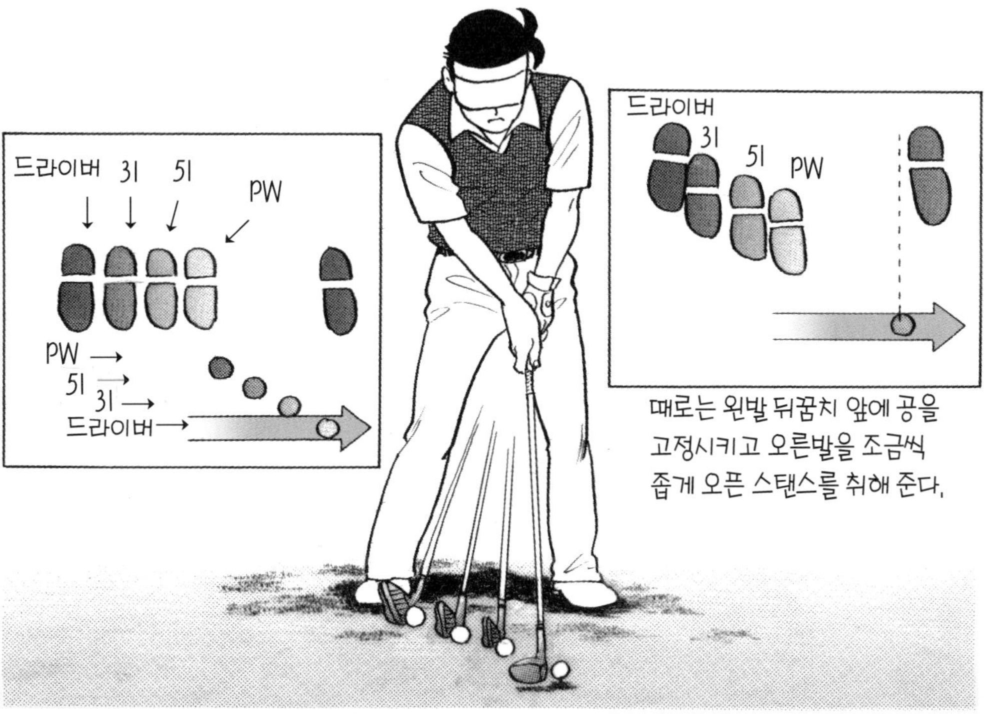

때로는 왼발 뒤꿈치 앞에 공을 고정시키고 오른발을 조금씩 좁게 오픈 스탠스를 취해 준다.

5 공과의 거리

공에서 멀리 서면 플랫스윙이 되어 뒤땅이나 토핑 확률이 많으며 헤드를 공에 맞히고 마는 샷이 되고 만다. 폴로스루를 취하기가 어렵기 때문이다.

가깝다
멀다

토핑
뒤땅

사람에 따라 차이는 있으나 가능한 가깝게 서서 휘두르기 적절한 공의 위치를 연습 때 찾아 두어야 한다.

그러나 공에 가깝게 서게 되면 위에서부터 완전히 공을 잡을 수 있게 된다.

또한 몸의 자세가 높기 때문에 회전이 쉬워지고 헤드의 빠짐이 좋아 폴로 스루가 쉽다.

그렇다고 너무 가깝게 서면 몸이 방해가 되어 휘두르기 힘들어진다.

● 그립에 문제가 있을 때에는 심호흡을 한번 하고 자세를 고쳐라. - 톰 왓슨 ●

어드레스 때 팔의 위치 6

어드레스 때 오른팔이 왼팔 위에 오는 것은 좋지 않다.

오른팔이 위에 오면 임팩트 때 오른쪽 어깨가 앞으로 나와서 아웃사이드인의 스윙궤도가 된다.

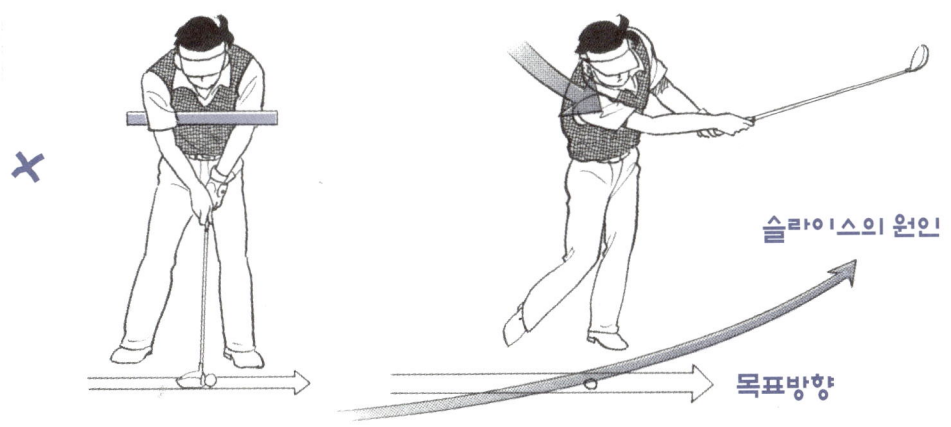

슬라이스의 원인

목표방향

어드레스 때 오른팔은 왼팔 밑에 가도록 오른쪽 겨드랑이를 붙이고 팔꿈치를 약간 굽혀준다.

오른팔꿈치는 오른쪽 옆구리와 배 사이에 가볍게 붙여주는 것이 좋다.

용어 해설(ㄱ~ㄷ)

그래파이트(graphite) : 샤프트나 클럽 헤드를 만드는데 사용하는 무게가 가벼운 금속 재료.

그랜드 슬램(Grand Slam) : 네 개의 메이저 챔피언쉽인 Masters, U.S. Open, Britsh Open과 PGA Championship을 말함.

그린 자켓(green jacket) : 조지아주의 Augusta에서 열리는 Masters Tournament의 승자에게 수여하는 상. 우승자에게 입혀주는 초록색 자켓.

그립(grip) : ① 클럽 샤프트의 윗부분으로, 가죽이나 합성고무로 감겨 있다. ② 클럽을 쥐는 동작. 오버래핑 그립, 인터로킹 그립, 베이스볼 그립 등이 있다.

나소(nassau) : 18홀을 세 개로 - 전반 9홀, 후반 9홀, 18홀 전부 - 나누어서 내기하는 것. 도박의 일종으로, 미국의 나소 골프클럽에서 시작되었기 때문에 이렇게 말한다.

내리막 라이(downhill lie) : 공을 어드레스할 때 왼발보다 오른발을 더 높게 두는 걸 말함.

노 리턴(no return) : 경기를 중도에서 포기하고 스코어카드를 위원에게 제출하지 않는 것. N.R.이라고 표시한다. 불명예스러운 일이다.

다운 힐 라이(down hill lie) : 그린을 향해 내려가는 사면에 공이 정지해 있는 상태를 말한다. 다운 힐 라이일 때는 공이 우측으로 꺾어지기 쉽다. 따라서 치기 전에 목표에서 조금 좌측을 겨냥하는 것이 좋을 때가 많다.

다잉 퍼트(dying putt) : 간신히 홀에 도달하는 퍼트.

더프(duff) : 실패한 타격. 임팩트 때 공 뒤의 지면을 때리는 것을 말한다. 스윙이 서툴러서 뒤땅을 잘치는 사람을 더퍼라고 한다.

도그 레그(dog leg) : 개의 뒷다리처럼 왼쪽 또는 오른쪽으로 굽은 코스를 말한다.

드라이빙 아이언(driving iron) : 1번 아이언을 말한다. 미국에서도 극히 일부의 강타자만이 사용하는 클럽이다.

디버트(divot) : 공을 쳤을 때 잔디나 흙이 클럽 헤드에 닿아 파인 곳을 말한다. 플레이 중 디버트가 생겼을 경우에는 즉시 묻고 밟아 주는 것이 에티켓이다.

딤플(dimple) : 골프공 표면의 움푹 파인 작은 자국.

o n e p o i n t　l e s s o n

제2장
드라이버 샷
Driver Shot

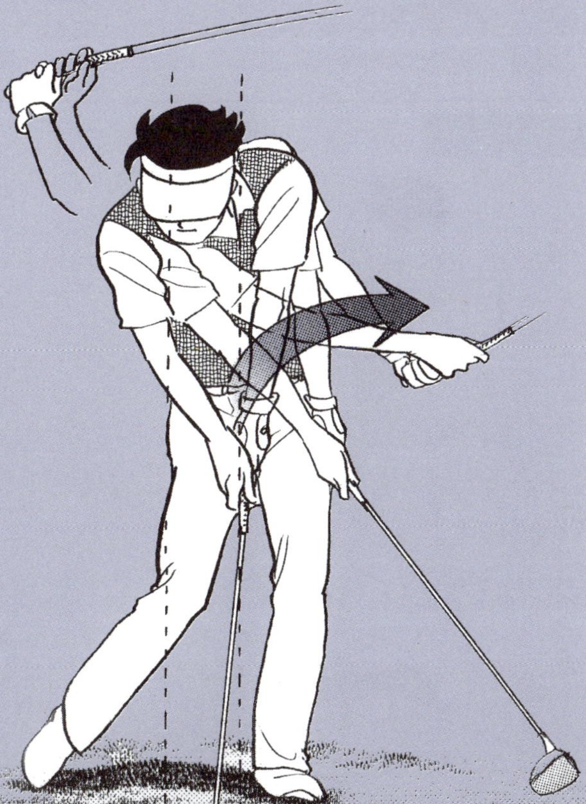

1 장타를 위한 드라이버의 셋업

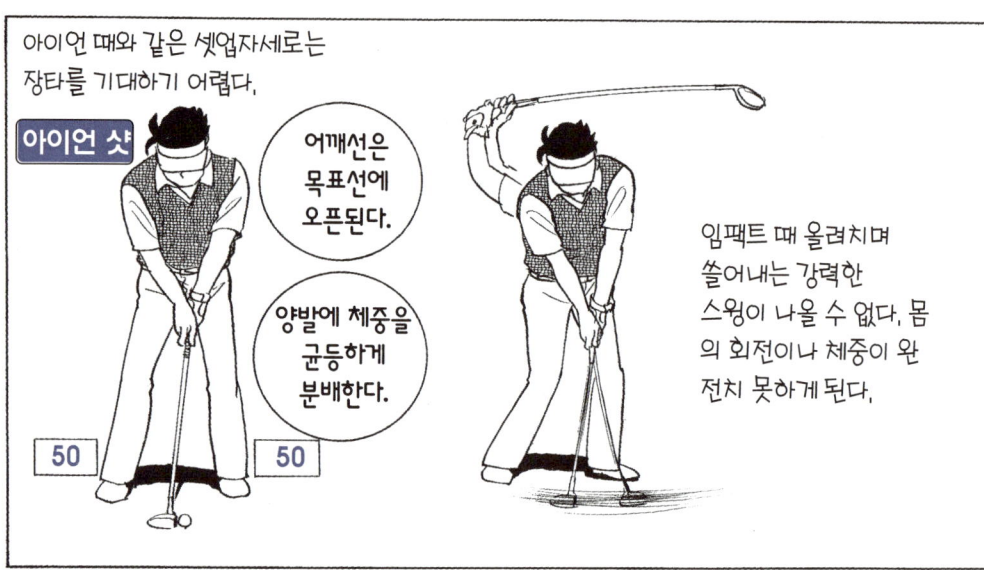

거리를 내기 위한 드라이버 샷 2

아마추어들은 거리를 의식하여 상체에 힘이 들어가 상반신이 스웨이 되는 경우가 많다. 이는 임팩트 때 힘을 분산시키는 결과를 가져와서 만족한 거리를 얻지 못한다.

머리는 어드레스 자세에서 붙박아두고 몸통을 그 자리에서 돌려주어 스웨이를 방지한다. 임팩트 후 오른손의 스냅(리스트 턴)을 강하게 발휘하면 비거리는 몰라보게 늘어난다.

3 왼쪽 겨드랑이를 조여주면 원활한 리스트 턴이 된다

장타를 치려면 목표방향으로 팔을 쭉 뻗어 주어야 한다.
그렇다고 왼쪽 겨드랑이가 벌어지면 공은 푸시가 되어 슬라이스가 나게 된다.

NO

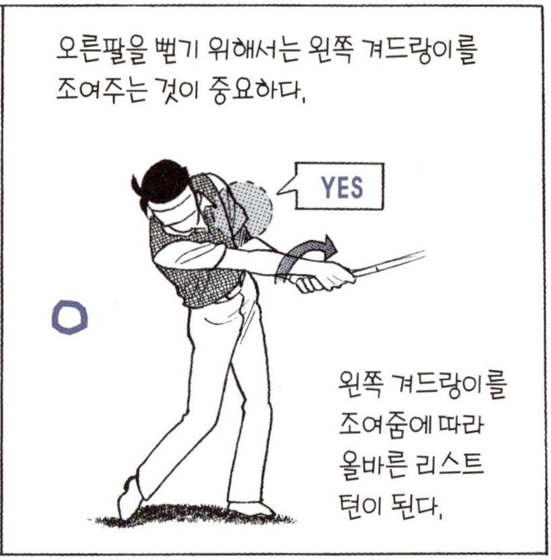

오른팔을 뻗기 위해서는 왼쪽 겨드랑이를 조여주는 것이 중요하다.

YES

왼쪽 겨드랑이를 조여줌에 따라 올바른 리스트 턴이 된다.

임팩트 후 오른팔을 목표 방향으로 뻗으면 리스트 턴에 의해 헤드를 인사이드 인으로 휘두를 수 있게 된다.

이것을 지탱해주는 것이 왼쪽 겨드랑이의 조임이다.

● 골프는 슬라이스로 시작해서 훅으로 끝난다. ●

백 스윙으로 거리를 늘리는 법 4

거리를 늘리기 위해서는 백 스윙이 커야 한다는 건 아무리 강조해도 지나치지 않다.

그렇다고 무리하게 어깨를 돌리려 한다면 자칫 몸의 균형을 잃어 중심축이 무너질 수가 있다.

이럴 땐 유연성이 부족한 분들은 스탠스에서 오른발을 좀 더 오른쪽으로 벌려 서준다.

그리고 팔이나 어깨를 돌린다는 느낌보다, 등을 목표방향으로 틀어 준다는 느낌으로 백 스윙을 해 본다.

의외로 몸이 쉽게 돌아감을 알 수 있게 된다.

싱글로 가는 원포인트 레슨

5 백 스윙이 크면 거리도 는다

비대한 사람은 왼발 뒤꿈치를 들어주면 어깨가 잘 돌아간다.

왼쪽 어깨가 공 뒤쪽까지 올 정도로 돌려주도록 노력한다.

왼쪽 어깨를 많이 돌려서 팽팽하게 당긴 몸을 다운 스윙에서 시원하게 풀어주며, 임팩트에 집중시킨다.

왼편으로 풀어주는 몸을 왼쪽 하반신으로 받아주는 느낌으로 단단히 고정시켜주면 비거리가 늘게 된다.

● 장래에 명 골퍼가 될 사람은 항상 훅으로 시작한다. - 샘 스니드 ●

오버 스윙 교정법 6

오버 스윙은 몸통의 회전 없이 팔과 손으로만 클럽을 들어올리기 때문에 발생한다.

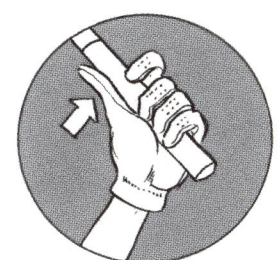

왼쪽 엄지를 쭉펴서 그립에 밀착시키는 것은 좋지 않다.

엄지 안쪽에 공간이 생기듯 해주고 세 손가락을 단단히 잡는다.

왼손만으로 클럽을 잡고 어깨와 엉덩이가 클럽헤드와 같이 돌면서 백 스윙을 시작하는 연습을 반복한다.

백 스윙 톱에서 세 손가락의 그립이 느슨해지지 않도록 엄지는 그립을 받쳐주어야 한다.

Golf

7 장타를 위한 힘의 분배

장타를 내기 위해 백 스윙에서 어깨와 팔에 힘이 너무 들어가는 것은 좋지 않다.

장타를 의식할수록 어깨와 팔과 손에 힘을 주지 않고 그저 어깨를 돌려주는 것으로 백 스윙을 끝낸다.

보통의 아마추어는 백 스윙 톱에서부터 즉시 힘을 넣어 쳐나가는데 다운 스윙에서 힘을 가하는 것은 손이 어깨 높이까지 내려왔을 때이다. 헤드 스피드가 최대가 되는 것은 임팩트 이후라고 생각한다.

이곳에서 처음으로 손에 힘을 가하기 시작한다.

헤드 스피드가 최대라고 생각한다.

● 그 인간의 됨됨이는 18홀이면 충분히 알 수 있다. - 스코틀랜드 속담 ●

하체의 힘이 비거리를 증대시킨다 8

비거리를 많이 내기 위해 대개의 아마추어들은 상체, 특히 팔만의 큰 동작으로 치려고 하는데 이는 잘못이다.

비거리를 늘리는데는 하체, 즉 다리의 힘이 중요하다. 특히 윈 다리에 힘을 넣으려면 백 스윙을 길게 하면서 몸을 충분히 회전시켜 용수철이 꼬이는 느낌을 가져야한다.

그런 다음 다운 스윙 때 오른쪽 다리를 한껏 잡아 당겨야 한다.

장타는 팔이나 몸으로 날리는 것이 아니라 다리힘에서 나오는 것이라고 생각해야 한다.

싱글로 가는 원포인트 레슨

9 엉덩이의 올바른 움직임이 다리힘을 보강시킨다

힘 있는 다리로 치기 위해서는 엉덩이의 움직임으로 다리의 힘을 보강시켜야 한다. 우선 테이크 백에서 오른 무릎을 약간 안으로 밀며 첫 움직임을 시작한다.

그리고 오른쪽 엉덩이를 공에서 멀리 뒤로 빼듯 돌린다.

엉덩이 전체를 회전한다고 생각 말고 오른쪽 엉덩이만 멀리 회전시킨다는 기분이다. 몸이 뒤틀림과 동시에 팔은 자연스럽게 올라가고 오른 다리를 버텨주면 긴장감을 느끼게 된다.

다운 스윙 때도 오른쪽 엉덩이를 목표로 향해 돌려준다면 자연히 왼쪽 엉덩이가 옆으로 밀리지 않고 뒤로 돌아가면서 완전한 회전 동작이 이루어진다.

엉덩이의 놀림으로 다리에 힘이 자연스레 실리게 되어 힘있는 샷을 날릴 수 있게 된다.

다리의 힘이 견고하고 바르게 되면 상체의 힘으로 칠 때보다 깔끔한 피니시 동작이 잘 만들어진다.

머리를 고정시켜야 폴로스루가 커진다 10

다운 스윙에서 머리가 왼쪽으로 움직이면 인사이드가 막혀서 큰 폴로스루를 취하기 힘들다.

폴로스루를 크게 하기 위해서는 다운 스윙에서 머리를 톱의 위치에서 멈추어야 한다.

다운 스윙에서 체중이 왼쪽으로 옮겨짐과 동시에 머리도 왼쪽으로 움직려고 하는데 이것을 참아야 한다.

그렇게 하면 임팩트에서 머리는 공의 뒤에 남고 원심력의 작용으로 손이 목표방향으로 쭉 뻗는다.

이 때문에 강력한 임팩트가 생겨나고 결과적으로 큰 폴로스루가 만들어진다.

11 왼 사이드의 벽을 견고히 하라

임팩트 때 왼 사이드 벽을 견고히 해주면 펀치력이 증가하고 슬라이스도 잡혀진다.

왼 사이드 벽이 견고하지 못하다는 것은 임팩트 때 몸이 열리기 때문이다. 몸이 열리면 클럽 페이스도 열려서 슬라이스가 발생한다.

이런 연습방법으로 왼 사이드벽을 견고히 해보자. 백 스윙 때 왼발 뒤꿈치를 들어올린다.

다운 스윙 때 왼발 뒤꿈치를 내린다.

애당초 딛고 있던 곳보다 좀 더 바깥쪽으로 내린다. 이러면 왼발은 처음 약간 열려 있던 상태에서 닫히게 된다.

왼발을 닫듯이 내리면 다운 스윙에서 임팩트, 폴로스루에 걸쳐 왼 사이드 벽을 느낄 수 있게 된다.

이상과 같은 연습으로 왼 사이드 벽을 느껴보는 것도 스윙 향상에 도움이 된다.

● 골프에는 역전 홈런이 존재하지 않는다. 이 게임의 승패는 '자멸'에 의해 결정된다.- 베이브루스 ●

임팩트 12

샷의 성패의 80%는 어드레스 자세에서 결정되고, 나머지 20%는 백 스윙과 다운 스윙의 스타트에서 결정된다고 한다.

그러나 이렇게 어드레스, 백 스윙, 다운 스윙은 결국 좋은 임팩트를 만들어 내기 위한 과정에 불과하다.

그렇다고 임팩트만 딱 분리해서 좋고 나쁨을 말할 수는 없다. 백 스윙과 다운 스윙에 걸쳐 연결되어 나오는 것이 임팩트이기 때문이다. 그러나 이상적인 임팩트는 자신의 힘이 공에 완전히 집중되어 있어야만 한다.

때문에 눈은 물론 양어깨, 양무릎이 공을 향하고 그 한점에 집중되어야 한다.

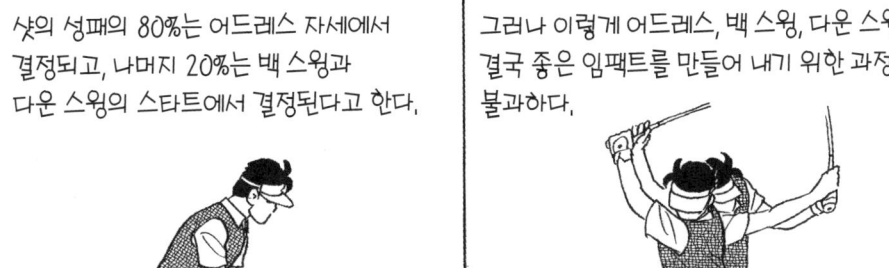

13 파워 있는 드라이버샷을 날리려면

왼쪽 어깨가 공의 위치보다 더 뒤쪽까지 오도록 몸을 틀어 원통이 회전하는 기분이 들도록 한다.

다운 스윙 때는 오른쪽 엉덩이를 의식적으로 공을 향해 돌려주며, 임팩트한다. 머리가 따라가지 않도록 주의한다.

폴로스루가 끝났을 때는 몸이 목표지점을 향하고 있어야 한다.

● 비거리는 포기해도 9할은 남는다. 그러나 방향성을 잃으면 아무 것도 남지 않는다. - 나타니엘 크로스비 ●

장타를 내고 싶다면 높고 큰 폴로스루를 쳐라 14

핸드다운, 즉 손의 위치를 낮게 하면 폴로스루는 작아진다.

손의 위치가 높으면(핸드업) 큰 폴로스루를 하기 쉬워진다.

인사이드 인의 궤도

큰 폴로스루는 거리를 보장받는다. 그러기 위해선 부드럽게 높은 셋업 자세로 철저히 인사이드 인의 스윙궤도로 휘둘러야 한다

무릎은 살짝만 굽혀준다.

15 드라이버 샷을 띄우는 법

드라이버 샷은 어느 정도 공이 떠야만 거리를 얻을 수 있게 된다. 그런데 공이 낮게 날아서 고민하는 골퍼가 많다.

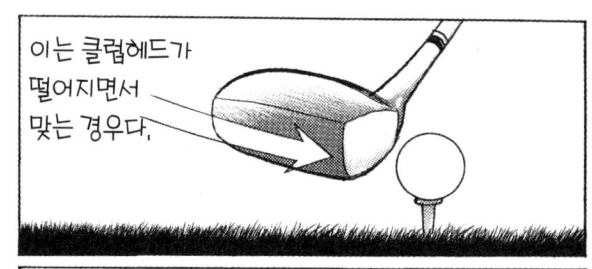

이는 클럽헤드가 떨어지면서 맞는 경우다.

몸의 회전이 크지 않고 팔로만 칠 때 공은 뜨지 않는다.

공을 띄우려면 백 스윙 때 어깨가 턱밑으로 오게끔 회전시킨다.

다시 말해 임팩트에서 폴로스루까지 양팔을 뻗어 몸에서 멀리 떨어지게 한다는 느낌이다.

그리고 큰 스윙으로 치는지, 헤드가 떨어지면서 공에 맞는 건 아닌지도 꼭 점검해야 한다.

그리고 임팩트 후 양팔을 쭉 뻗어 준다.

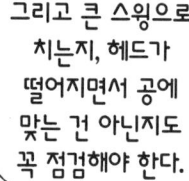

● 골프채는 종류에 상관 없이 같은 힘으로 쥘 것. 롱 아이언을 사용할 때 너무 세게 쥐는 것은 실패의 원인이 된다. - 홀라스 헤친슨 ●

체중이동과 피니시 16

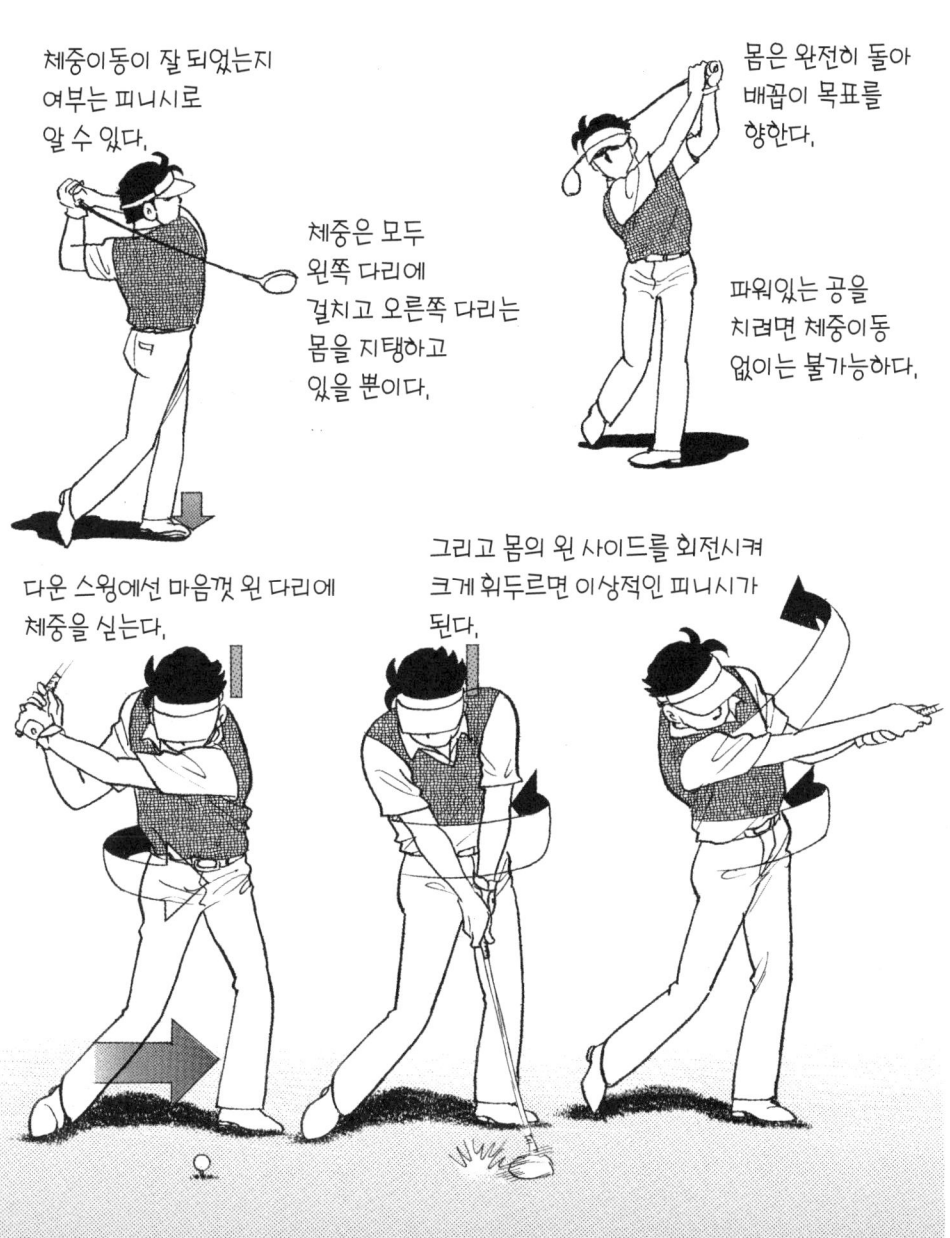

용어 해설(ㄹ~ㅂ)

라이(lie) : ① 공이 멈추고 있는 상태. '라이가 좋다, 나쁘다' 등과 같이 표현한다. ② 클럽 샤프트가 헤드에서 뻗어나가는 각도.

러프(rough) : 그린 및 해저드를 제외한 코스 내의 페어웨이 이외의 부분으로 풀이나 나무 등이 그대로 있는 지대를 말한다. 잡풀들의 길이가 2~3인치 정도면 쇼트 러프라고 하며, 4~6인치 정도면 깊은 러프 지역이라고 한다.

로스트 볼(lost ball) : 분실구. 골프 규칙에서는 '찾기 시작하여 5분 이내에 발견하지 못하든가 혹은 자기의 공이라고 확인할 수 없을 때에는 분실된 공이다' 라고 정해진다.

로컬 룰(local rule) : 각 코스 특유의 지형적인 조건이나 특수성에 의해 설정하는 지역적 규칙을 말한다. 그 골프 코스에서 특별히 정한 룰.

로프트(loft) : 클럽페이스의 경사 각도.

롱 아이언 : 아이언 클럽 가운데서 장거리용의 것. 보통 1 · 2 · 3번 아이언 클럽을 말함

마커(marker) : ① 볼 마커. 공을 집어들 때 표적으로 놓아두는 작은 코인이나 그와 비슷한 물건. 홀을 향해, 공의 바로 뒤에 마크한다. ② 스트로크 플레이에서 경기자의 스코어를 기록하는 사람. 심판은 아니다.

멀리건(mulligan) : 흔히 첫 번째 티에서 두 번 샷을 시도하는 것. 친선 경기에서는 가능하지만 원칙상으로는 불법이다.

백 스윙 : 어드레스한 다음, 왜글 그리고 테이크 백에서 톱 스윙까지의 연속 동작.

백 스핀(back spin) : 공의 역회전. 언더 스핀이라고도 한다. 역회전한 공은 높이 날아올라, 땅에 떨어졌을 때 멈추기 쉽고, 멈출 때 구르는 거리가 짧기 때문에, 어프로치를 할 때 겨냥하기가 쉽다.

벙커(bunker) : 장애물의 일종. 경기규정에 의하면 벙커는 그 주위보다도 깊거나 표면의 흙을 노출시키고 또는 모래를 깔아 놓도록 되어 있다. 벙커에는 페어웨이의 좌우에 있는 사이드 벙커, 거의 중앙 부근까지 나와 있는 크로스 벙커, 그린 주변에 있는 그린 벙커가 있다. 벙커 안, 또는 가장자리의 흙이나 풀로 뒤덮인 부분은 벙커의 일부가 아니다.

보기 플레이어(bogey player) : 1홀 평균 스코어를 보기로 끝내는 골퍼를 말한다. 즉, 1라운드 90 전후의 사람으로, 애버리지 골퍼와 같은 뜻이다.

one point lesson

제3장
아이언 샷
IRON SHOT

1 헤드무게를 느끼며 아이언 샷을 날린다

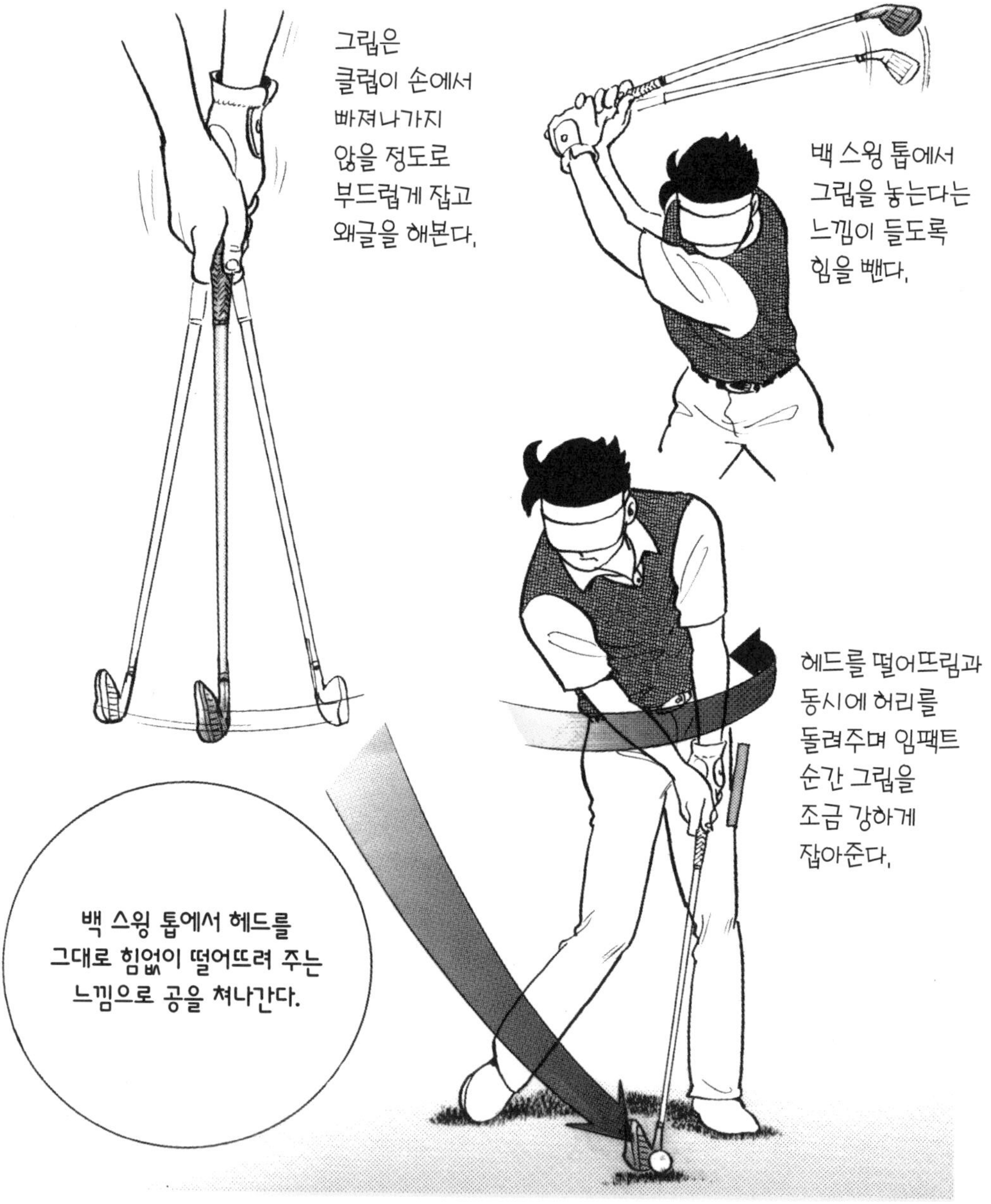

그립은 클럽이 손에서 빠져나가지 않을 정도로 부드럽게 잡고 왜글을 해본다.

백 스윙 톱에서 그립을 놓는다는 느낌이 들도록 힘을 뺀다.

헤드를 떨어뜨림과 동시에 허리를 돌려주며 임팩트 순간 그립을 조금 강하게 잡아준다.

백 스윙 톱에서 헤드를 그대로 힘없이 떨어뜨려 주는 느낌으로 공을 쳐나간다.

● 아주 시시한 일을 놓고 가장 진지한 얼굴로 이야기하는 플레이어의 모습은 골프에서만 볼 수 있는 큰 흥미거리이다. ●

손의 움직임이 빠르면 헤드의 움직임은 느리다 2

모든 샷에서 스윙이 빠른 것은 좋지 못하다. 특히 아이언 샷에서 빠른 스윙은 미스 샷의 원인이 된다. 손의 휘두름이 너무 빠르면 정작 헤드는 달리지 못한다.

공은 헤드로 때리는 것. 손을 천천히 휘둘러 샤프트가 휘어진다는 느낌을 갖게 되면 공은 더욱 잘 날게 된다.

손의 움직임을 천천히 하고 헤드의 속도를 빨리하는 스윙을 파악하고 나면 거리도 늘고 방향도 좋아진다.

olf

3 아이언과 우드 타법의 이해

아이언 샷의 궤도
최저점은 공 뒤쪽에 온다.
최저점

우드 샷의 궤도
최저점은 공 앞쪽에 온다.
최저점

아이언 샷에서 다운 블로 샷을 요구하는 것은 헤드가 최저점을 향해 내려가는 순간에 공을 잡기 위함이다.

우드 샷에서 어퍼 블로우 샷을 요구하는 것은 헤드가 최저점을 지나 상승 순간에 공을 잡기 위함이다.

● 인간의 지혜로 만들어진 게임 중에서 골프만큼 건강에 좋고, 끊임없는 지적 흥분으로 인간에게 즐거움을 주는 게임은 없다. - 아더 발포아 ●

인사이드 인의 스윙 궤도를 만드는 법 4

공을 똑바로 보내기 위해 목표방향으로 헤드를 마냥 내준다면 밀어치는 타법이 되어 슬라이스가 발생한다.

궤도는 인사이드 인으로 해줘야 올바른 스윙궤도가 된다.

어드레스 때 오른 팔꿈치를 왼 팔꿈치 보다 아래에 위치시키고

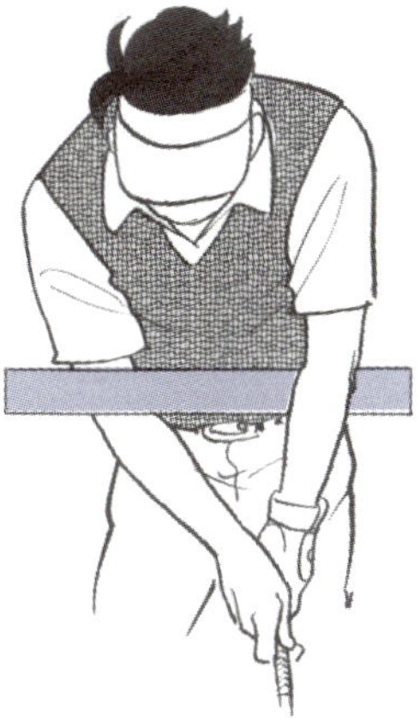

임팩트 이후에는 오른 팔꿈치가 왼 팔꿈치 위로 바뀌어야 한다.

왼 팔꿈치보다 오른 팔꿈치가 위가 되었을 때 인사이드 인의 날카로운 샷이 된다.

오른팔은 펴지고 왼 팔꿈치는 굽혀 진다.

5 백 스윙 시작이 좋아야, 좋은 스윙을 가져온다

골프 스윙이 인사이드 인의 궤도라 하여 몸 가까이 끌고 내려와서 임팩트 하겠다는 의도로 자칫 백 스윙 때 헤드를 너무 안쪽으로 당기는 골퍼가 많다.

이는 결국 과도한 플랫스윙을 하게 되거나 클럽을 백 스윙 톱으로 가져가기 위해 팔을 매우 가파르게 들어올려 일정한 스윙궤도를 만들지 못한다.

가파르게 들어올린 경우

플랫스윙

백 스윙 처음 단계는 목표 직후방으로 헤드를 빼주고 동시에 헤드는 손 바깥쪽에 위치되어야 한다.

백 스윙 초기단계의 몇십cm 간의 클럽 헤드와 손의 위치를 잘 점검하면 좋은 스윙 궤도를 만들 수 있게 된다.

● 골프는 자기 불행을 탓하지 말고 상대의 행운을 탐내지 않을 때 더욱 재미나게 된다. ●

아이언 샷의 방향성을 향상시키려면 6

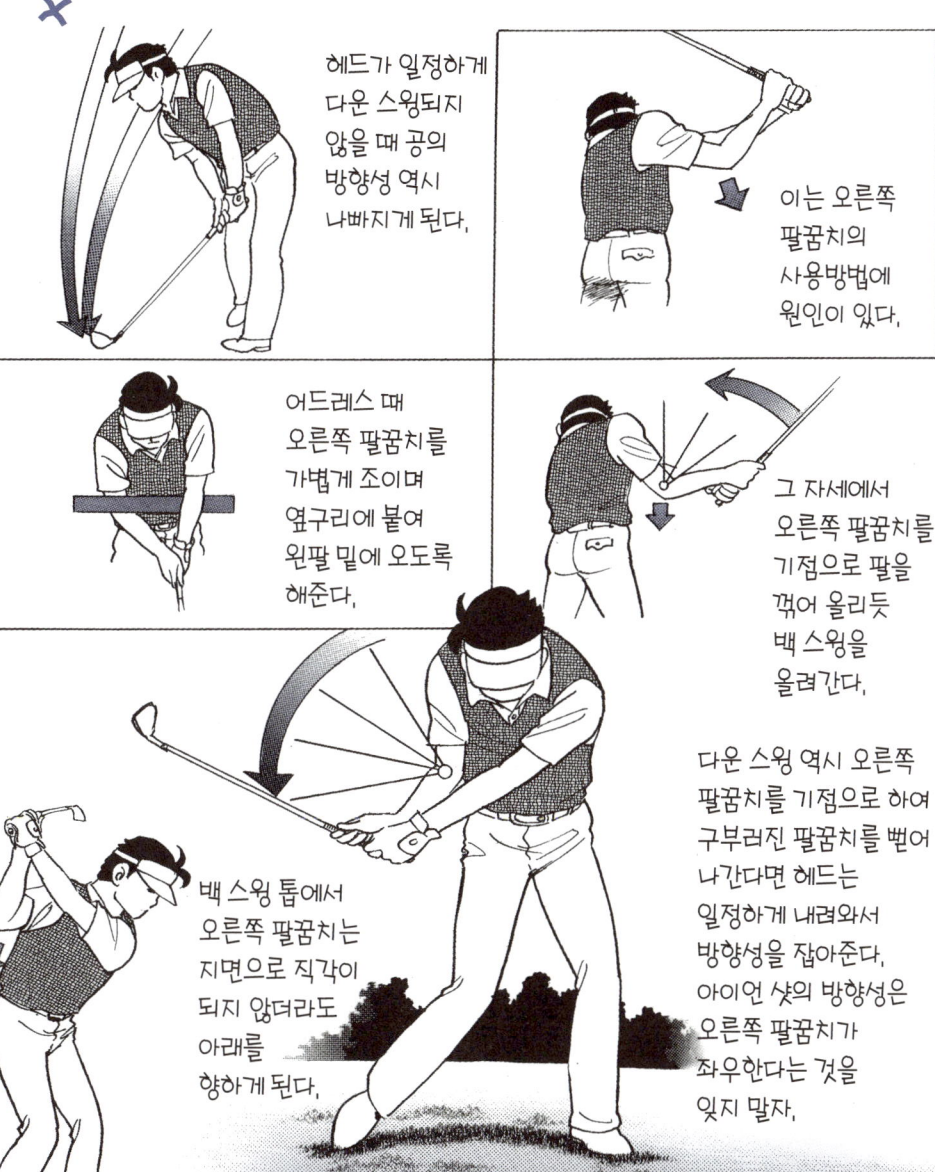

싱글로 가는 원포인트 레슨

7 아이언 샷은 찍어치는 것이 아니다

아이언 샷은 찍어쳐야 한다는 개념은 잘못된 생각이다. 의도적으로 헤드를 찍으려고 하면 오른쪽 어깨가 떨어지고 머리까지 내려와서 뒤땅치기가 나오던지 훅 볼이 발생하곤 한다.

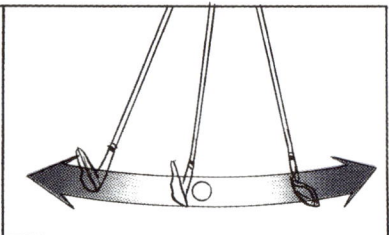

아이언 샷의 헤드는 임팩트 존에서 낮게 유지하는 것이 중요하다.

스윙에서 머리를 고정시켜 눈과 공과의 거리를 일정하게 유지한 채 스윙을 해나간다.

특히, 임팩트 이후에 헤드를 낮게 유지시켜 주면 공 앞쪽 잔디를 자르거나 가벼운 디보트자국을 내게 된다. 의도적으로 손으로 내려찍는 것이 아님을 유념해야 한다.

티업된 공도 디보트를 낸다는 느낌으로 쳐내려간다 8

9 마음껏 휘두르는 여유부터 시작하라

골프를 처음 배우기 시작하면 자세를 먼저 배운 뒤 비거리를 차츰 늘려가도록 가르치는 경우가 많다.

즉 방향성 먼저, 그 다음 거리라는 등식으로 배우게 되는데 과연 이 방법이 옳은지 생각해 볼 일이다.

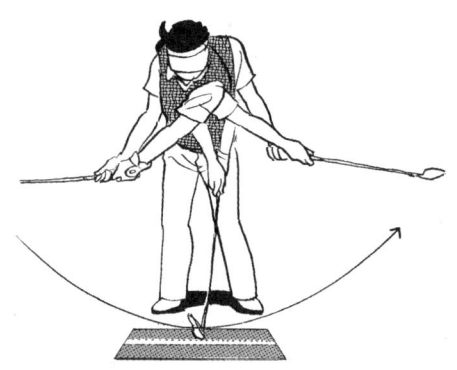

큰 의미로 보면 거리와 방향성은 반비례한다고 보면 옳은 생각이다. 초보자 실력에 일단 거리를 내는 법, 힘을 싣는 법부터 연습해 보는 것이다.
공이 날아가는 방향은 의식하지 말고 마음껏 휘두르는 스윙으로 연습을 해본다.

장타자가 되는 것은 골프를 시작할 때 짧은 순간에 90%가 결정된다고 말한다. 마음껏 휘두르는 연습부터 배워보라고 권하는 이유가 거기 있는 것이다.

● 골프란 1백개의 핑계로 성립된 게임이다. 만일 골프에서 핑계를 빼낸다면 녹슨 클럽과 잡초 무성한 페어웨이만 남을 것이다. ●

아이언 샷은 백 스윙 때 클럽 페이스가 공을 향하도록 한 채 들어올린다 10

아이언 샷에서 백 스윙 때 클럽페이스를 열어서 올리는 경우

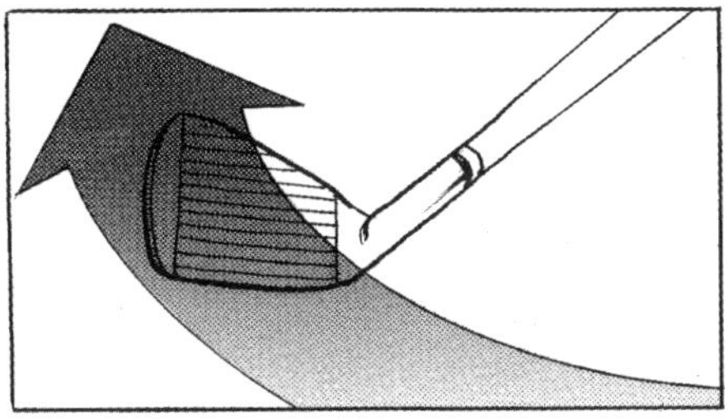

공은 좌우로 들쭉날쭉, 특히 슬라이스가 많이 발생하게 된다.

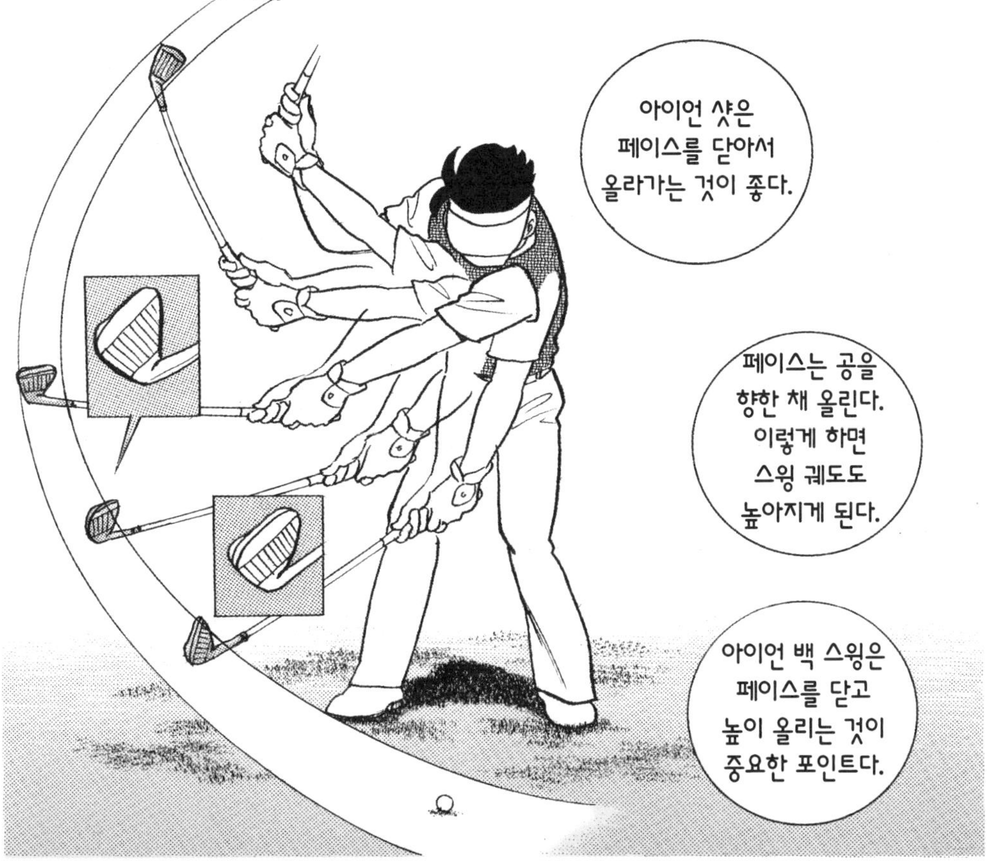

아이언 샷은 페이스를 닫아서 올라가는 것이 좋다.

페이스는 공을 향한 채 올린다. 이렇게 하면 스윙 궤도도 높아지게 된다.

아이언 백 스윙은 페이스를 닫고 높이 올리는 것이 중요한 포인트다.

11 아이언 샷의 토핑 방지

어드레스 때 머리는 공 위에 오도록 하고 손은 앞쪽으로 나온 핸드 퍼스트 자세를 취하며 가급적 공에 가깝게 다가선다.

조금 빠르게 코킹하여 가파르게 내려오는 느낌으로 다운스윙을 한다.

어드레스

임팩트

어드레스 때 굽혀진 무릎을 유지한 채 임팩트한다.
척추의 각도가 어드레스와 같은 각도를 유지한다면 토핑은 없어진다.

- 골프 핑계의 대표적 세 가지 예는 나쁜 몸 컨디션, 새 클럽이 아직 몸에 익지 않았다는 것 그리고 골프플레이 횟수의 부족이다.

뒤땅 방지법(1) 12

더프는 긴장한 나머지 팔에 너무 힘이 들어가거나 공을 떠올리려다 오른쪽 어깨는 빠지고 체중이동이 되지않아 오른발에 체중이 남아 있을 때 많이 발생한다.

체중이동이 잘 되지 않는다면 어드레스 때 왼발 끝을 닫는다.

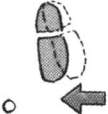

백 스윙 톱에서 만들어진 손목의 콕은 빨리 풀지 말고 허리높이에 왔을 때 풀어주도록 노력한다.

공을 무리하게 떠올리려 하지 말고 클럽의 로프트를 믿고 과감히 쳐나간다. 오른쪽 어깨가 밑으로 처지지 않도록 유의한다.

13 뒤땅 방지법(2)

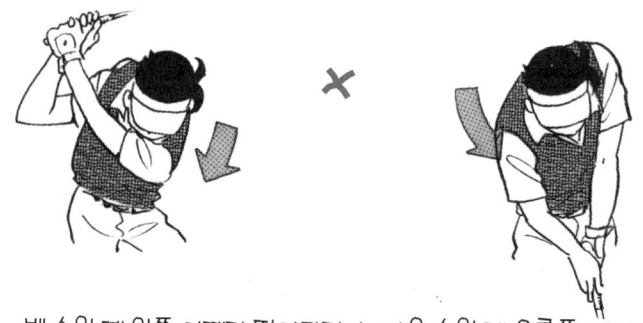

백 스윙 때 왼쪽 어깨가 떨어지거나, 다운 스윙 때 오른쪽 어깨가 떨어지면 더프(뒤땅)가 발생한다.

스윙의 시작부터 끝까지 어깨와 무릎이 일정한 높이를 유지하고 정면을 향하여 쳐준다.

생크 방지법 14

어드레스 때보다 임팩트 때 몸이 앞쪽으로 쏠리면 생크 발생

페이스가 오픈된 채 임팩트되면 생크 발생

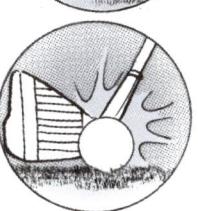

클럽의 힐부분에 맞는 것이 생크 볼

교정법

페이스를 닫아서 백 스윙하고 임팩트하는 것도 한 방법이다.

체중이 앞으로 쏠리지 않도록 뒤꿈치에 체중을 싣고 샷을 한다.

15 인사이드 인의 스윙 연습

인사이드 인의 스윙을 익히기 위해 골프가방을 앞에 놓고 클럽 하나를 몸쪽으로 걸쳐 둔다.

샤프트는 양손이 통과 될 수 있을 만한 공간을 만들어 하나의 통로를 만든다.

그런 다음 직접 공을 때려본다.

양손이 몸에서 멀리 떨어진 스윙이라면 걸쳐놓은 샤프트를 건드리게 될 것이다.

이는 잘못된 아웃사이드 인이나 인사이드 아웃이라는 것을 말해준다. 천천히 타구의 방향에 신경쓰지 말고 걸쳐진 샤프트를 건드리지 않고 양손을 몸쪽에 붙여 내려오도록 한다.
인사이드 인의 스윙궤도를 익히게 될 것이다.

● 골프만큼 플레이어의 성격을 잘 드러내는 것이 없다. 그것도 골프에서는 최선과 최악의 모습으로 나타난다. ●

스윙의 템포 16

백 스윙은 빨리 번쩍 들었다가 다운 스윙은 천천히 가져간다거나

백 스윙은 천천히 올렸다가 벼락처럼 빨리 다운 스윙을 하는 것은 모두 바람직하지 않다.

백 스윙과 다운 스윙의 템포가 달라서는 좋은 샷을 할 수가 없다. 자칫 리듬감을 잃기 쉽기 때문이다.

각자의 스윙이 빠르던 늦던간에 백 스윙과 다운 스윙의 리듬은 같아야 좋은 샷을 할 수 있다.

17 드로우 볼을 치려면

드로우 볼은 거리도 확실히 보장받을 뿐아니라 슬라이스 병을 치료하기 위해선 꼭 구사할 줄 알아야 한다. 드로우 볼은 스윙의 기본이 되는 샷이기 때문이다.

드로우 볼을 치는 연습을 위해 샤프트를 오른발 70cm 바깥 쪽에 스탠스 라인과 목표 직후방 중간쯤에 꽂아둔다.

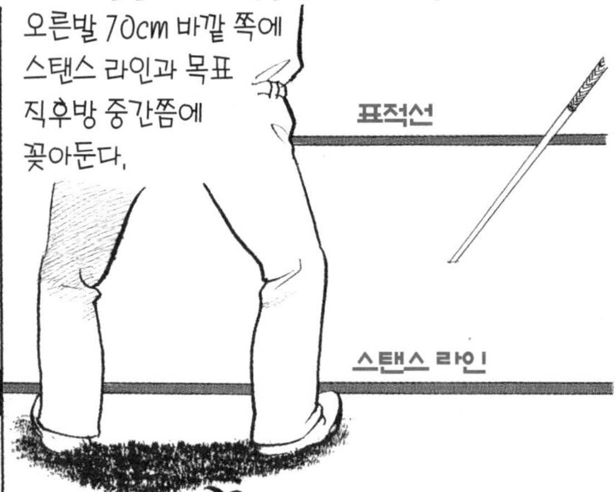

표적선

스탠스 라인

꽂아둔 샤프트 바깥쪽으로 표적선을 따라 멀리 백 스윙한다.

밖으로 뺐다가 안으로 들어오는 스윙 궤도는 손이 클럽헤드보다 표적선에 더 가깝게 되도록해서 클럽이 뒤따라 오도록 해야한다.

다운 스윙 때는 클럽을 땅에 꽂아둔 샤프트 안쪽으로 통과하도록 해준다.

● 코스는 스코어 내는 방법을 배우는 곳이며, 연습장은 기술을 닦는 곳이다. ●

공을 낮게 깔아치려면 18

공을 낮게 날리려 한다면 공을 스탠스 가운데 둔다. 공이 중앙에 오면 핸드퍼스트 자세가 되어 페이스는 약간 덮이게 된다.

양발은 표적선 보다 약간 왼쪽을 향하게 오픈시킨다.

스윙 궤도는 자연히 가파르며 업라이트하게 형성된다.

공의 탄도는 낮게 날아간다. 주의할 점은 낮은 공일수록 가볍게 휘둘러 주는 것이다.

Golf

19 공을 높게 띄우려면

공을 높게 띄우려면 공을 약간 앞쪽에 위치시키고 페이스를 약간 오픈시킨다.

그리고 공으로부터 가능한 멀리 선다.

멀리 선 다음 정상적인 스윙을 해주면 스윙궤도는 얕게 플랫성으로 흐르게 된다.

공은 높게 날아오르고 지면에 떨어져서도 부드럽게 내려 앉는다.

공에서 멀어질수록 높게 난다.

● 명인이란 연습한 대로 플레이를 보통 골퍼보다 더 잘하는 사람일뿐이다. ●

체중이동 20

장타를 치기 위한 스탠스는 넓게 벌리는 것이 유리하다.

스탠스를 넓게 가져가는 것은 하체를 견고히 하자는 뜻이나 자칫 체중이동이 어렵게 된다.

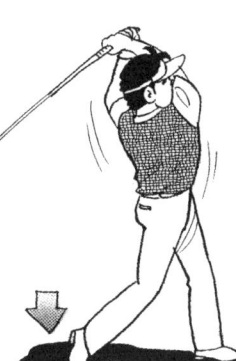

피니시 이후에도 오른다리에 체중이 남아 있으면, 원하는 파워를 얻을 수 없게 된다.

체중이동을 확실하게 느끼기 위해 양발을 모으고 빈 스윙을 해보면 왼발, 오른발에 체중이 이동됨을 알수 있게 된다.

거리를 내야하는 드라이버 샷 때 외에는 스탠스는 가능한 좁게 서는 것이 유리하다.

스탠스가 좁을수록 체중이동이 쉬워지고, 바디턴으로 샷을 하는 것을 터득할 수 있게 되기 때문이다.

싱글로 가는 원포인트 레슨

21 롱 아이언 샷

많은 거리를 보내야하는 롱 아이언은 멀리 보내야 한다는 의식 때문에 어드레스 때 부터 힘이 들어가게 되어 실패의 주된 원인이 된다.

롱 아이언일수록 상체의 힘을 빼서 몸을 부드럽게 해주는 것이 중요하다. 가벼운 왜글은 힘을 빼는데 도움이 된다.

부드럽게 스윙 해주되 스윙 아크는 가급적 큰 원을 생각한다.

드라이버 스윙과 같은 기분으로 오른손을 왼쪽 귀 부분까지 가져간다는 느낌으로 큰 폴로스루를 해준다.

강력한 다운 블로로 공을 찍어주면 거리가 나지 않는다. 특별한 임팩트 없이 쓸어치듯 스윙만 생각한다.

롱 아이언은 때리는 클럽이 아니라 휘두르는 클럽이라고 생각한다.

롱 아이언의 탄도를 높이려면 22

롱 아이언 샷을 높은 탄도로 친다는 것은 쉽지 않은 일이다. 이는 다른 아이언처럼 두들겨 나가 공에 헤드를 부딪혀 주기만 해서는 뜨지 않게 되는 것이다.

페어웨이 우드와 같이 미끄러뜨리듯 후려쳐주며 클럽페이스가 임팩트 이후 급격히 변하지 않도록 해주어야 공이 뜨게 된다.

롱 아이언을 페어웨이 우드라고 생각하고 휘둘러 준다.

23 디보트에서의 샷(1)

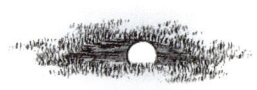

디보트에 들어간 공은 자칫 실수하면 한타를 그냥 날려보내기 마련이다.

특히 정리가 되지 않은 디보트에 반쯤 잠긴 공은 정확한 타격을 하지 못하면 실패가 따른다.

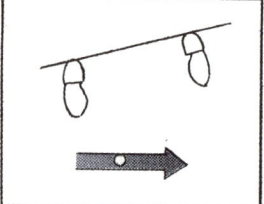

우선 오픈 스탠스로 공을 오른발 쪽에 위치시키면 자연 핸드 퍼스트의 자세로 손은 공 앞쪽에 오게 된다.

백 스윙은 빠르게 콕하며 헤드는 비구선을 따라 가파르게 올렸다가 위에서 떨어뜨려 공을 두텁게 맞혀 간다. 폴로스루는 높게 취할 필요가 없다.

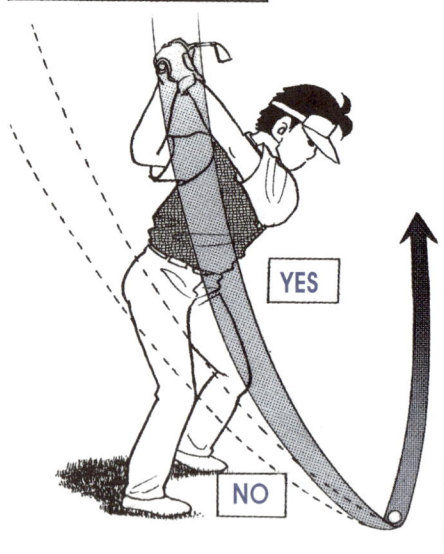

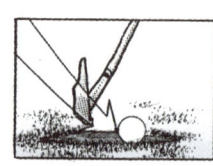

● 골프만큼 속이기 쉬운 경기는 없다. 그리고 골프만큼 속였을 때 경멸받는 경기도 없다. ●

디보트에서의 샷(2) 24

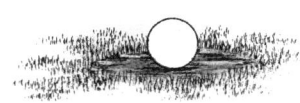

디보트에 빠진 공이라도 비교적 상태가 좋아서 그리 깊지 않은 디보트라면 굳이 위에서 날카롭게 찍어 칠 필요가 없다.

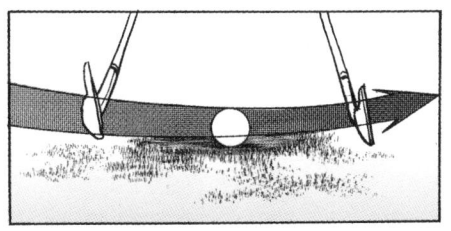

공이 디보트에 있다는 생각을 버리고 보통의 샷처럼 쓸어치듯 쳐준다. 다만 헤드는 지면에 낮게 흐르도록 해 주어야 한다.

주의할 점은 토핑을 염려해서 너무 공 밑을 쓸어치려 해선 뒤땅이 나서 실패하게 된다. 공 허리 부분을 넉넉하게 쓸어준다.

헤드의 리딩에지가 공의 허리부분에 맞았다고 해도 헤드가 바로 들리지 않고 낮게 흐르면 토핑 볼이 나지 않고 적당히 떠서 잘 날게 된다.

25 디보트에서의 샷(3)

핀까지 30~50야드 정도 미묘한 거리에서 디보트에 공이 들어가 있다면 핀에 붙이기가 까다로울 수밖에 없다.

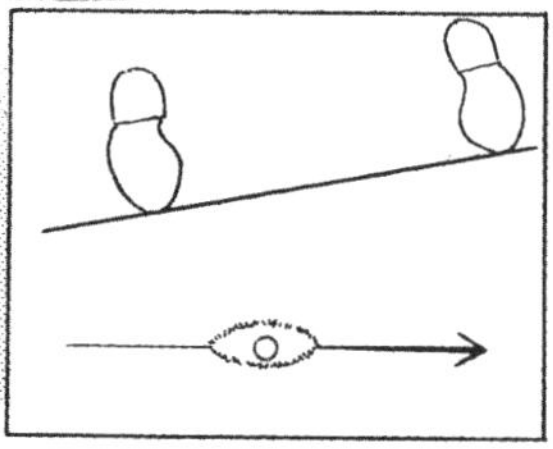

이경우 같은 거리의 벙커샷과 같은 방법으로 공략한다. 오픈 스탠스에 공은 오른발 가까이 둔다.

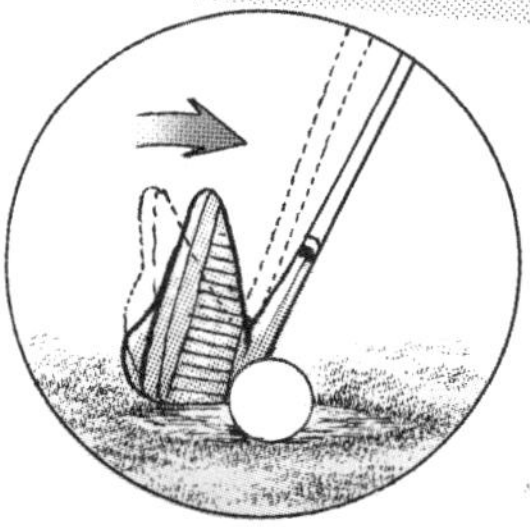

자연스레 손은 공앞쪽에 위치한 핸드 퍼스트 자세가 되어 피칭 웨지가 5번 아이언의 로프트가 되도록 덮어준다.

백 스윙은 콕을 사용치 않고 비구선을 따라 그대로 올린다.

손목을 꺾으면 정확히 공을 잡기가 어려워 진다.

다운스윙은 어드레스 형태 그대로 올렸다가 내린다. 폴로스루는 하지 않는다. 거리는 백 스윙 크기로 가감한다.

인사이드로 당겨지지 않게 약간 밖으로 빼는 기분이다.

● 골프는 악마가 인간을 타락시키기 위해 생각해낸 게임이다. ●

onepoint lesson

제4장
슬라이스와 훅 퇴치법
Slice & Hook Clinic

1 슬라이스 퇴치법(1)

목표방향으로 마냥 헤드를 내미는 샷은 손이 몸에서 멀리 떨어지고 왼쪽 겨드랑이가 떨어져, 푸시가 되거나 슬라이스가 발생하여 파워를 잃게 된다.

양팔을 몸에 붙여서 왼발쪽으로 붙여 나간다.

임팩트 후 헤드가 낮게 흐르며 돌려주는 허리로 인해 헤드는 왼편으로 돌아 인사이드인의 궤도가 되어 파워가 실리게 된다.

● 훌륭한 샷을 위한 5P : ①Preparation(준비) ②Position(위치) ③Posture(자세) ④Path(궤도) ⑤Pace(보조) ●

슬라이스 퇴치법(2) 2

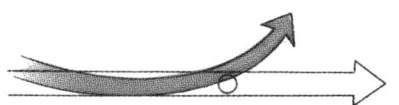

임팩트 후 왼팔을 잡아 당겨서 공이 깎여 맞으면 슬라이스가 난다.

임팩트 후 양팔을 쭉 펴주어서 마음껏 치고 빠지는 샷이 되도록 해준다.

그리고 피니시까지 그대로 폴로스루를 해주면 헤드는 한동안 공을 싣고 가는 느낌이 들어 깎여 맞는 샷이 발생하지 않는다.

#

3 슬라이스 퇴치법(3)

헤드보다 어깨가 빨리 돌면 페이스가 열려서 슬라이스 발생

다운스윙에서 갑자기 허리를 돌리려 하면 왼쪽 무릎이 당겨져서 슬라이스 발생

오른쪽 어깨를 놔두고 손이 몸의 움직임을 앞서듯이 후려쳐야 한다.

왼쪽 무릎은 어드레스 위치에 돌아온 후 멈춰주어야 한다.

슬라이스 퇴치법(4) 4

백 스윙 때 어깨를 많이 돌려주어야 거리를 얻을 수 있게 된다는 것은 주지의 사실이다.

그러나 의식적으로 어깨를 많이 돌려 백 스윙하고 공을 쳤을 때 목표보다 오른쪽으로 나는 경우가 흔히 발생한다.

어깨를 많이 돌려 백 스윙한다는 것은 그만큼 스윙궤도가 커진다는 것이다. 스윙궤도가 커진 만큼 임팩트 때 헤드가 그만큼 늦게 돌아오게 된다.

궤도가 짧을 때

궤도가 커졌을 때

임팩트 순간이 늦어지기 때문에 나타나는 결과이다.

그럴 때 몸은 평소 때의 임팩트 후의 동작이 열려 맞는 결과를 초래해서 오른쪽으로 날게 된다.

때문에 어깨를 많이 들어서 큰 스윙을 만들 때일수록 왼 다리에 벽을 더욱 튼튼히 만들어 주어야 한다. 그래야만 슬라이스도 잡고 큰 스윙에 맞는 많은 거리를 얻을 수 있게 된다.

5 훅 퇴치법(1)

아이언 샷을 왼쪽으로 자주 감는 사람이 많다.

그것이 두려워 더 오른쪽으로 돌아서도 훅이 나는 것은 상체만으로 치기 때문에 팔이 회전하지 않고 손목이 돌아가기 때문이다.

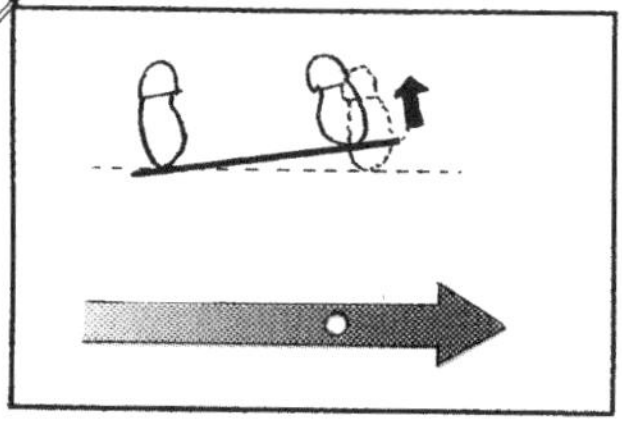

이때 반대로 조금 왼쪽을 향해서 허리 회전을 하기 쉽게 해둔다.

다운스윙에서 마음껏 허리를 왼쪽으로 회전시킨다.

손도 허리에 이어 왼쪽으로 마음껏 휘둘러 준다. 왼쪽으로 공이 날것 같지만 똑바로 날게 됨을 알 것이다.

가장 나쁜 점은 공을 오른쪽으로 날리려고 허리를 고정시키고 손만으로 오른쪽으로 휘두르는 것이다.
감기는 공이 나올 때는 오히려 마음껏 몸을 왼쪽으로 회전시켜준다.

64 << Golf ● 플레이할 때 생각해야 할 3A : ①Ability(능력) ②Ambition(의욕) ③Attitude(자세) ●

훅 퇴치법(2) 6

훅 볼은 몸의 움직임이 멈추고 팔의 스윙이 빨라져 헤드가 빨리 돌아오는데서 발생한다.

공을 때리는 손목의 놀림이 지나치게 강해질 때 훅 볼이 될 확률이 높다.

왼쪽 무릎의 리드로 후려 쳐준다는 느낌이다.

그립엔드가 임팩트 이후에 자신의 복부를 가리키도록 유의하며 공을 친다.

7 훅 퇴치법(3)

그립은 스퀘어로 잡아준다.

① 무릎의 리드로 다운 스윙을 시작한다.

② 허리를 빨리 돌려주며 왼손 그립엔드로 공을 친다는 느낌으로 끌고 내려온다.

③ 허리가 마냥 돌아가지 않도록 왼쪽 사이드를 단단히 잡아주고 임팩트를 한다.

- 안정된 플레이의 3C : ①Confidence(자신) ②Concentration(정신집중) ③Control(자제)
  또는 ①Consistence(견실) ②Composure(침착) ③Courage(용기)

onepoint lesson

제5장
페어웨이 우드 샷
Fairway Wood Shot

olf

1 페어웨이우드 샷

페어웨이우드는 티샷을 미스해서 긴거리를 날려야 할때, 특히 거리가 짧은 여성들이 많이 이용하는 클럽이다.

공의 위치는 드라이버 샷 때보다 공 한두개 안쪽으로 위치시킨다.

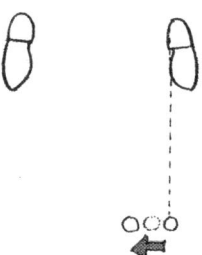

페어웨이우드 샷의 포인트는 업라이트한 스윙 궤도를 만들어 주는 것이다.
그래야 공을 잡기 쉬워진다.

임팩트는 클럽 헤드가 최저점에 왔을 때 공을 맞힌다.

공을 때리고 만다거나 퍼올리려 하지 말고 대담하게 한동작으로 휘둘러준다.

● 금기의 3C : ①Confusion(혼란) ②Complain(불평) ③Consolation(자위) ●

페어웨이우드의 토핑 방지 2

어드레스에서 지나치게 웅크린 자세는 임팩트 순간 일어서게 되어 토핑이 발생한다.

또한 머리를 지나치게 오른쪽으로 기울이면 오른쪽 어깨가 빠져서 쳐올리는 타법이 되어 토핑이 발생한다.

무릎에 여유를 주고 오른쪽 어깨와 허리는 어드레스 높이를 바꾸지 않고 쳐준다.

모든 샷의 토핑은 몸이 상하로 움직이는데서 발생한다. 또한 임팩트가 이루어지기 전에 미리 허리가 많이 들려도 토핑이 발생한다.

3 업 힐에서의 페어웨이 우드 샷

경사면을 따라 어깨선을 맞춰서고 체중을 오른발쪽에 걸친 채 머리는 오른발 위에 붙박아 둔다.

평지와 같이 경사면을 역행 해서 자세를 취하면 헤드가 박혀 미스 샷을 불러온다.

체중은 오른발에 걸친 채 상체를 오른쪽으로 기울여 그 자세로 후려친다.

왼 팔꿈치에 여유를 주고 쳐나갈 때 왼쪽 어깨를 열고 왼쪽 어깨와 왼 팔꿈치를 함께 풀어주면 헤드가 쉽게 경사면을 따라 빠져나간다.

머리는 스윙내내 오른발 쪽에 두어 체중이동이 되지 않고 팔로만 후려치는 느낌이어야 한다.

다운 힐 라이의 페어웨이 우드 샷 4

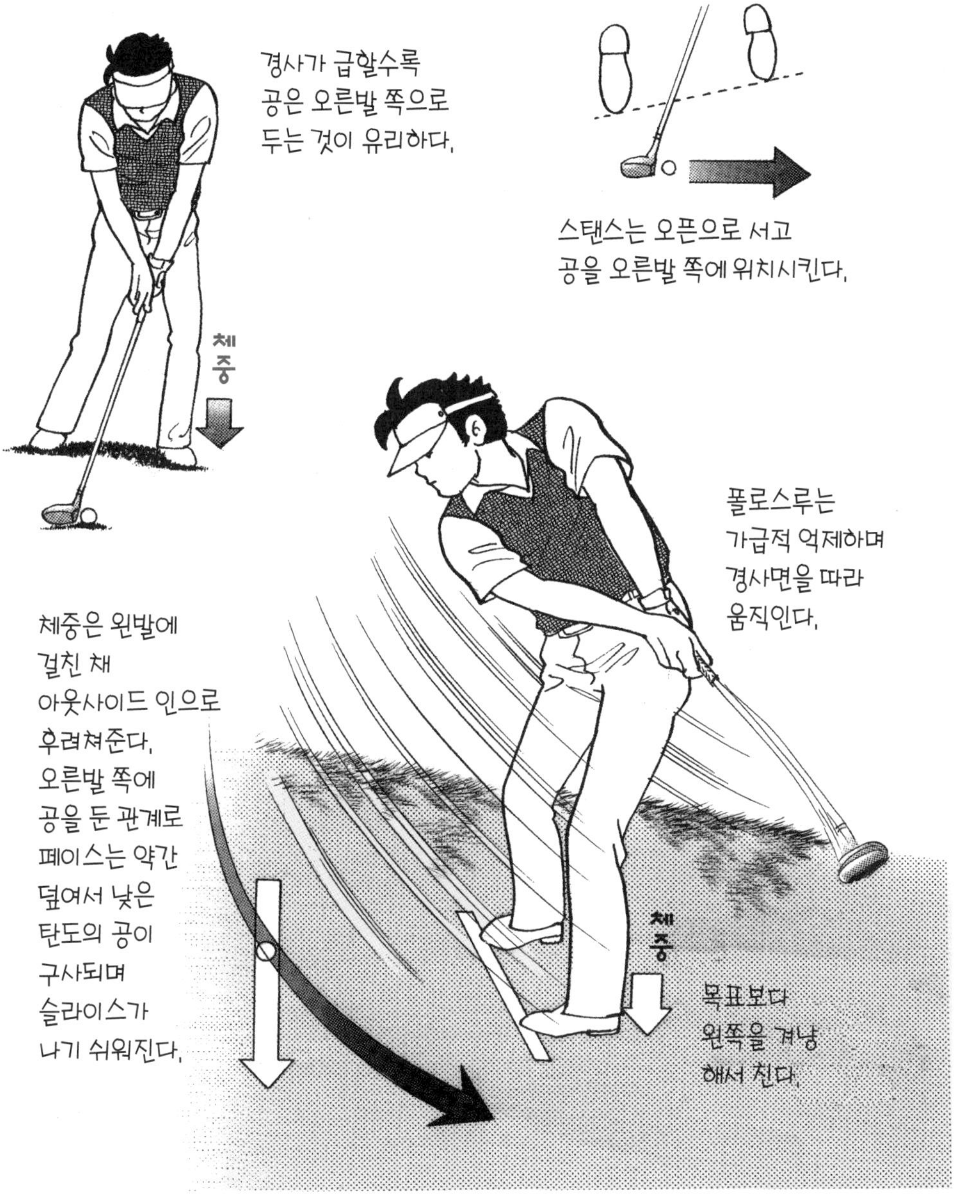

경사가 급할수록 공은 오른발 쪽으로 두는 것이 유리하다.

스탠스는 오픈으로 서고 공을 오른발 쪽에 위치시킨다.

체중

폴로스루는 가급적 억제하며 경사면을 따라 움직인다.

체중은 왼발에 걸친 채 아웃사이드 인으로 후려쳐준다. 오른발 쪽에 공을 둔 관계로 페이스는 약간 덮여서 낮은 탄도의 공이 구사되며 슬라이스가 나기 쉬워진다.

체중

목표보다 왼쪽을 겨냥해서 친다.

싱글로 가는 원포인트 레슨　Golf >> 71

5 비러프에서의 우드 사용법

비록 빽빽한 비러프라도 공의 상태가 깊게 파묻히지 않았다면 우드 4번에 관심을 가져본다.

우드 4번은 비교적 헤드가 두껍고 로프트는 높아서 비러프에서 강한 힘을 발휘한다.

이럴 땐 평소보다 공에 좀더 가깝게 다가선다.

이 샷은 오른쪽으로 휘는 성질의 공이 되니 왼쪽을 노려친다.

해머로 말뚝을 박을 때처럼 업라이트한 궤도로 다운스윙 한다.

임팩트는 공과 클럽페이스 사이에 잔디가 덜 끼이게 하기 위해 다소 빠르고 격하며 날카롭게 쳐나간다.

● 혈액형이 O형인 골퍼 중에 천재가 많고, B형은 승부사형이 많다. 하지만 O형이 B형을 아내로 맞으면 안 된다. 이 둘이 합치면 OB가 나오기 때문이다. ●

onepoint lesson

제6장
벙커 샷
BUNKER SHOT

1 벙커 샷의 기본(1)

스탠스는 평소보다 넓게 잡고 발을 모래에 파묻어 견고히 선다.

발이 묻힌 만큼 그립을 짧게 잡는다.

목표선

스탠스는 오픈으로 서되 어깨선은 목표선과 일치시킨다.

클럽페이스는 완전히 열어서 어드레스한다.

스윙은 오픈한 스탠스를 따라 밖으로 치켜 올렸다가 내리는 아웃사이드 인의 타법으로 쳐준다.

스윙이 끝나도 페이스는 하늘을 향한다.

스탠스를 오픈으로 하면 공의 방향은 양어깨가 목표선을 향하고 있어서 그 방향으로 난다.

● 골프란 컨트롤 불능의 구체를 그 목적에 맞지 않게 되어 있는 도구를 써서 접근 곤란한 구멍 속에 넣으려고 하는 헛된 노력의 게임이다. - 윈스턴 처칠 ●

벙커 샷의 기본(2) 2

3 벙커 샷은 몸의 움직임을 최소화하라

벙커 샷을 할 때 백 스윙과 다운 스윙에서 너무 몸을 좌우로 움직이면 샷을 실패하기 쉽다.

불안정한 모래 위에서 좌우 체중이동이 심하면 정확한 샷을 구사하기 어려워진다.

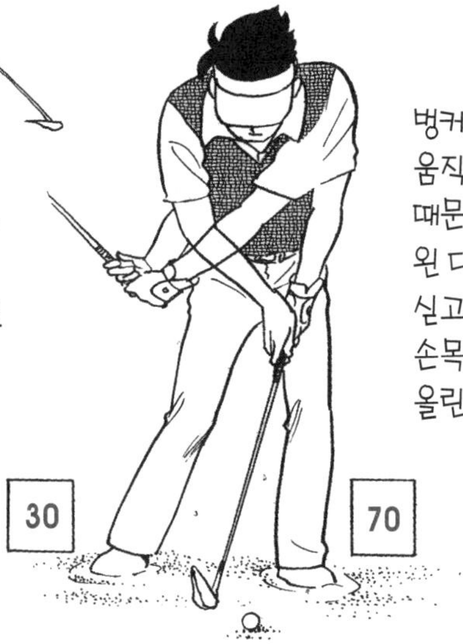

벙커 샷은 가능한 한 몸의 움직임이 적어야 한다. 때문에 어드레스 때 미리 왼 다리에 체중을 많이 싣고 체중이동 없이 손목으로 헤드를 들어 올린다.

백 스윙 톱에서도 체중은 그대로 왼 다리에 걸쳐 있어야 한다. 백 스윙에서 몸이 움직이지 않으면 다운 스윙에서도 왼쪽으로 흐르지 않는다. **'벙커 샷은 손목으로 친다'** 라는 표현은 몸을 많이 사용하면 목표한 곳에 헤드를 떨어뜨리기 어렵기 때문에 나온 말이다. 어드레스 때부터 왼 다리에 체중을 싣는 것을 잊지 말도록 한다.

● 골퍼는 10kg의 무거운 클럽을 끌고 7km의 언덕과 들을 즐겨 걸으면서도, 집에서는 2m 거리의 재떨이조차도 손수 집으려 하지 않고 아내에게 시키는 인종이다. ●

벙커 샷의 미스와 해결책 4

벙커 샷에서 많은 사람의 공통적인 결점은

① 뒤에서 퍼올리려 한다.
☞ 위에서 헤드를 떨어뜨려야 한다.

② 하반신을 너무 사용한다.
☞ 벙커 샷은 손으로 치면 족하다.

③ 임팩트에서 힘을 뺀다.
☞ 헤드스피드가 빠르지 않으면 공은 올라가지 않는다.

백 스윙 때 인사이드로 끌어 당겨서는 안 된다.

백 스윙은 오픈으로 취한 양발을 따라 휘둘러 올라간다.

백 스윙의 포인트는 '클럽은 낮게 헤드는 높게'가 철칙이다.

콕과 동시에 헤드를 올린다.

임팩트 후 팔꿈치를 살짝 굽힌다.

가파르게 쳐주고 팔꿈치를 살짝 빼준다.

5 벙커 샷은 클럽페이스의 방향이 바뀌지 않도록 해준다

벙커 샷의 어드레스 때 왼 팔꿈치를 평소 때와 마찬가지로 펴는 것은 좋지 않다.

왼 팔꿈치를 펴면 임팩트 순간과 직후에 왼 손목이 빨리 돌아가기 쉬워 헤드가 빠져나오기 어려워 진다.

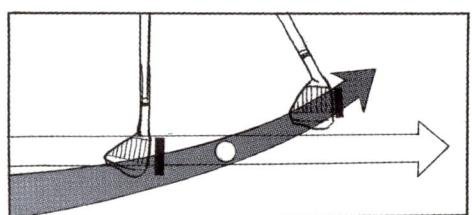

벙커 샷은 임팩트 후에도 클럽 페이스 방향이 바뀌지 않는 것이 포인트이다.

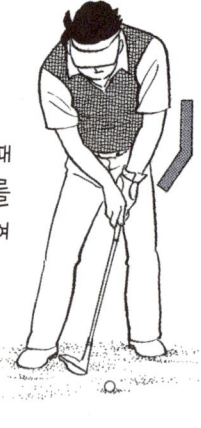

그러기 위해서는 어드레스 때 왼 팔꿈치를 가볍게 굽혀 주는 것이 좋다.

그렇게 되면 임팩트와 폴로스루에서도 굽혀진 팔꿈치로 인해 손목이 돌아가지 않아 일정한 페이스 방향을 유지할 수 있게 된다.

● 만일 내가 하루 연습을 하지 않으면 그것을 아는 것은 바로 나다. 만일 2일 연습을 하지 않으면 관중들이 알게 된다. 그리고 3일을 연습하지 않으면 온 세계가 안다. - 벤 호건 ●

스핀이 걸리는 벙커 샷 6

공략해야 하는 그린 뒤쪽이 연못이나 OB 지역이라면 토핑 공을 치거나 런이 많은 벙커 샷으로는 그린을 오버하게 된다.

이럴 땐 스핀을 걸어서 그린에 떨어져서 멈추게 하는 벙커 샷이 필요하다.

스탠스와 공의 위치는 보통의 벙커 샷과 같이 오픈으로 서고 공을 약간 왼발 가까이 둔다.

재빠른 콕으로 손은 낮고 헤드는 높게 백 스윙을 가져가는 것은 기존의 벙커 샷과 같다.

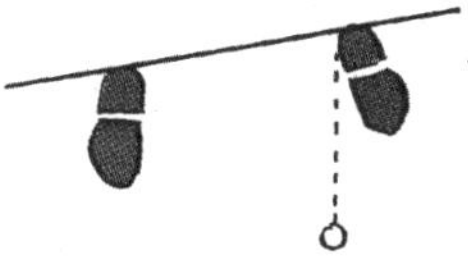

몸을 움직이지 말고 양 팔꿈치를 부드럽게 사용하여 팔꿈치의 움직임만으로 휘두른다.

단, 임팩트에서 폴로스루에 걸쳐 페이스 위에 물이든 컵을 끝까지 실어가듯 휘두르고 빠진다.

페이스의 방향이 움직이지 않아 역 스핀이 걸려서 멈춰서는 공이 나온다.

7 내리막 경사, 오르막 경사의 벙커 샷

오르막 경사

경사면이 낮은 오른다리에 체중을 두고, 경사면을 따라 휘둘러 준다.

스탠스는 오픈 스탠스

임팩트 후 헤드를 몸쪽으로 끌고가지 않고 앞으로 내보내듯 한다.

페이스가 엎어지지 않도록 앞으로 내미는 느낌

내리막 경사

왼다리에 체중을 걸친다.

위에서 내려치고 폴로스루는 하지 않는다.

탁하고 헤드를 모래에 부디쳐 주고 마는 스윙이지만 임팩트 후 왼쪽 팔꿈치로 끌어당기듯 한다.

페이스가 엎어지지 않아 공이 올라가기 쉬워진다.

● 3대 어드바이스 : ① 서서히 휘둘러라 ② 왼쪽 어깨를 많이 돌려라 ③ 머리를 남겨라 ●

공은 벙커 안, 스탠스는 벙커 턱에서 샷을 할 때 8

한두 클럽 길게 클럽을 선택하고 롱 아이언 거리면 페어웨이 우드를 선택한다.

체중은 뒤꿈치

스탠스를 넓게 잡고 몸을 숙여 무릎을 견고히 한다.

백 스윙은 작게 70%의 크기로 천천히 들어올린다.

무릎은 절대 펴지 않도록 한다. 거리에 욕심을 부리지 않고 팔로만 공을 친다.

폴로스루를 높게 하게 되면 무릎이 펴지게 되니 폴로스루가 크지 않도록 한다. 또한 공이 슬라이스 방향으로 날게 되니 목표의 왼쪽을 겨냥한다.

olf

9 스탠스는 벙커 안, 공은 벙커 턱에 있을 때

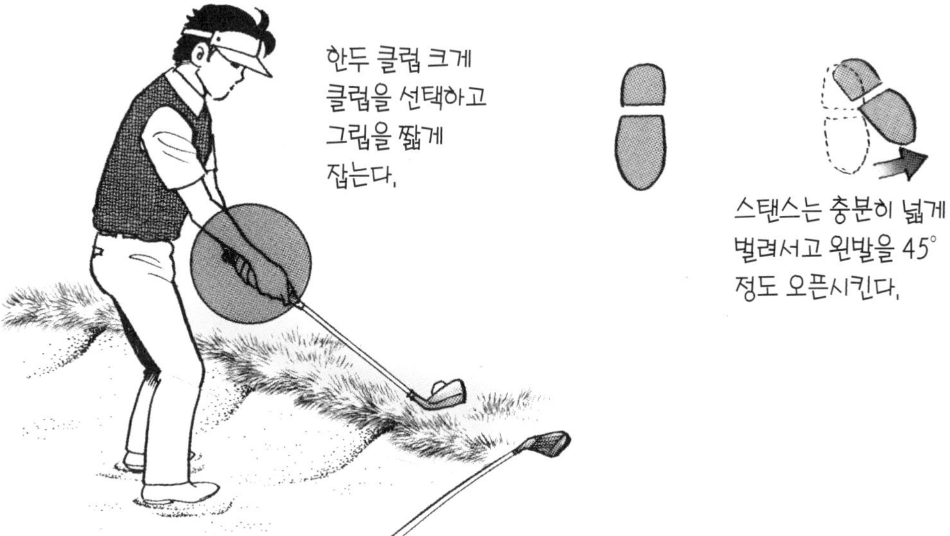

한두 클럽 크게
클럽을 선택하고
그립을 짧게
잡는다.

스탠스는 충분히 넓게
벌려서고 왼발을 45°
정도 오픈시킨다.

몸은 움직이지 않고
팔로만 들었다가
팔로만 쳐준다.

발은 충분히
모래에 묻어
스탠스를
견고히 한다.

● 장타자보다 더 무서운 사람은 상대에게 아무리 아웃 드라이브되어도 태연자약 하는 플레이어다.
 - 보비 존스 ●

한발은 벙커 안, 한발은 벙커 밖에서의 벙커 샷 10

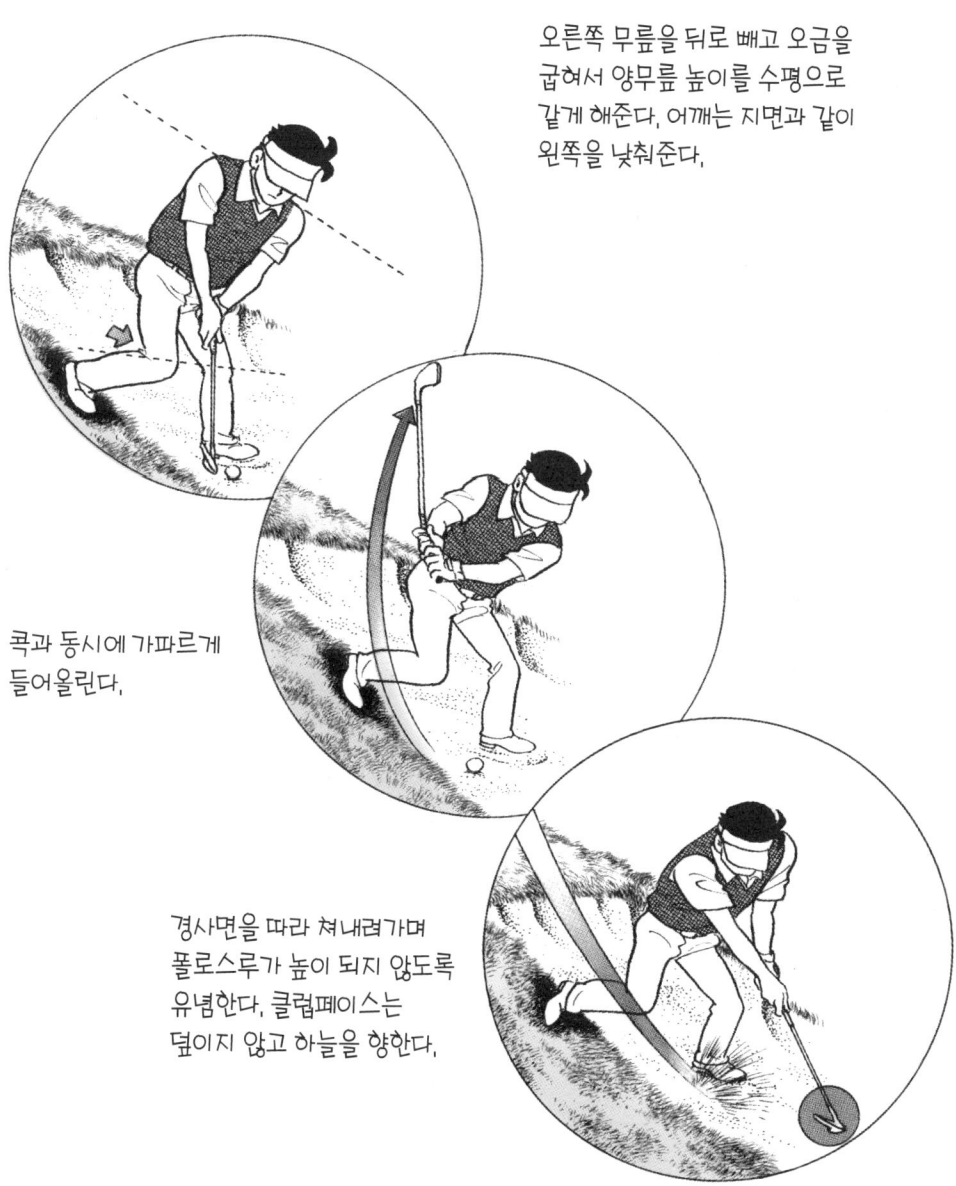

오른쪽 무릎을 뒤로 빼고 오금을 굽혀서 양무릎 높이를 수평으로 같게 해준다. 어깨는 지면과 같이 왼쪽을 낮춰준다.

콕과 동시에 가파르게 들어올린다.

경사면을 따라 쳐내려가며 폴로스루가 높이 되지 않도록 유념한다. 클럽페이스는 덮이지 않고 하늘을 향한다.

싱글로 가는 원포인트 레슨

11 파묻힌 공의 벙커 샷

파묻힌 공이라고 퍼올리려 해서는 탈출이 더욱 어렵다.

스탠스를 오픈으로 서 공을 중앙에 둔다.

헤드 페이스를 완전히 덮어주는 것이 포인트. 파묻힌 만큼 헤드가 공 밑에 들어가야 하기 때문이다.

핸드 퍼스트의 자세에서 재빨리 헤드를 높이 올린다.

체중은 스윙 내내 왼다리에 걸친다.

강하고 가파르게 공 뒤에 헤드를 쳐박아준다.

폴로스루는 하지 않고 쳐박고 만다는 느낌이다. 공은 쉽게 떠오른다.

● 모든 골프 클럽은 만인에게 통용된다. - 잭 니클라우스 ●

젖은 벙커에서의 샷 12

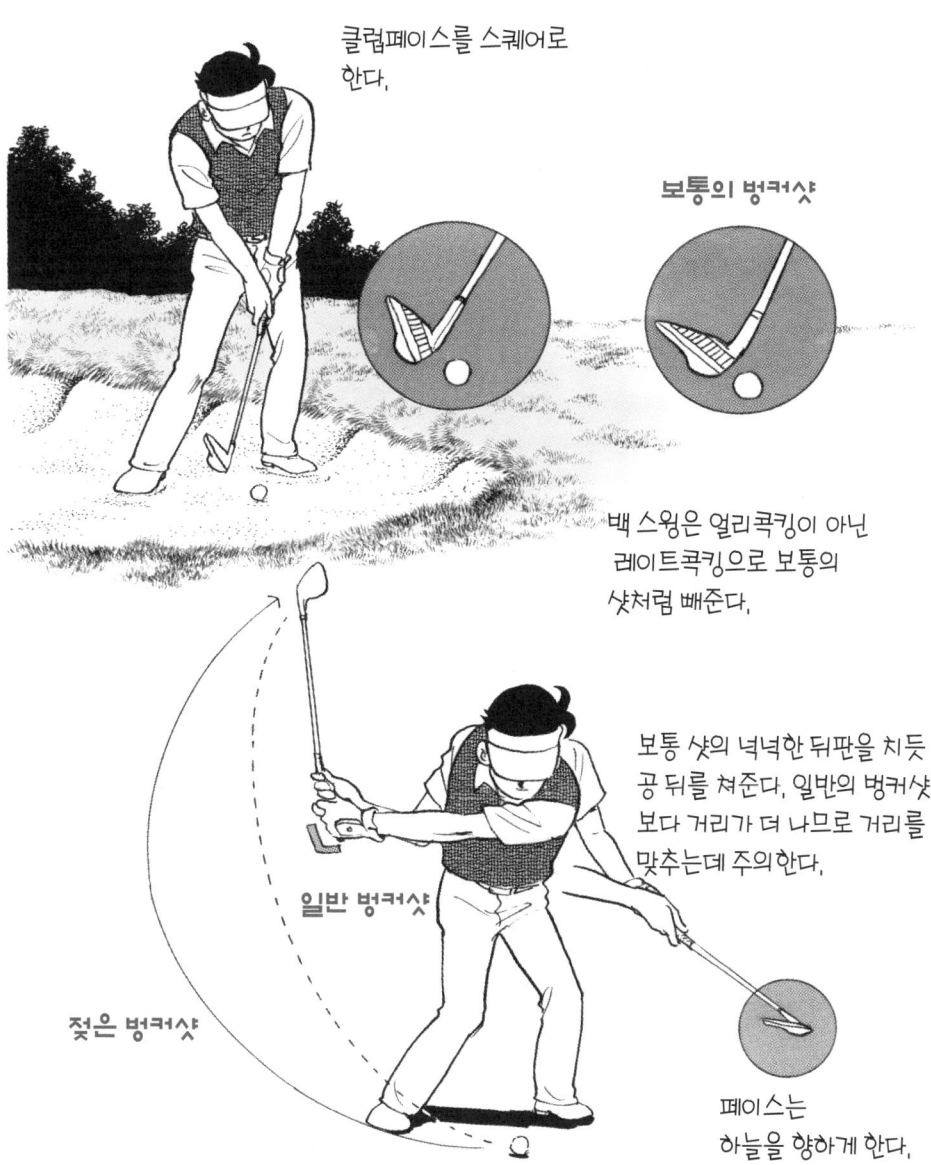

클럽페이스를 스퀘어로 한다.

보통의 벙커샷

백 스윙은 얼리콕킹이 아닌 레이트콕킹으로 보통의 샷처럼 빼준다.

보통 샷의 넉넉한 뒤판을 치듯 공 뒤를 쳐준다. 일반의 벙커샷보다 거리가 더 나므로 거리를 맞추는데 주의한다.

일반 벙커샷

젖은 벙커샷

페이스는 하늘을 향하게 한다.

13 벙커 샷에서 거리를 맞추는 법

벙커 샷에서 핀이 가깝다거나 멀다거나 해서 거리를 맞춰 나가야 할 때 어려움이 따른다.

백 스윙의 크기는 일정하게 하고 임팩트의 강도와 폴로스루의 크기로 거리를 맞춰나간다.

20m / 15m / 10m / 5m

일반적으로 먼거리의 벙커 샷일 때는 공에 가깝게 자세를 취한다. 이렇게 하면 헤드를 공 가까이에 붙여가기 쉬워지고 거리도 나온다.

멀다

짧은 거리일 때는 공과 떨어져서 치면 공의 조금 앞에 헤드가 들어가서 거리를 줄일 수 있다.

가깝다

● 골프를 잘 치게 되는 비결은 화내지 않는 데 있다. - 샘 스니드 ●

50야드의 벙커 샷 14

그린까지 50야드 정도의 벙커 샷은 공 뒤 모래를 폭발시키는 벙커 샷으로 핀까지 도달하기 힘들어진다.

이런 경우엔 공을 바로 치는 방법이어야 한다.

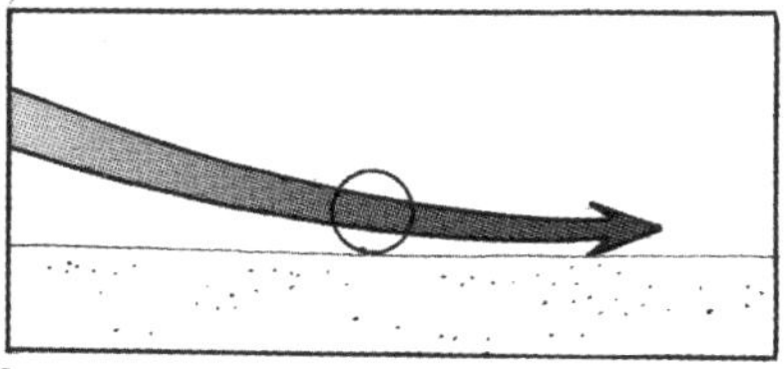

피칭웨지 클럽을 선택. 오픈 스탠스에 공은 오른쪽 발끝에 놓는다.

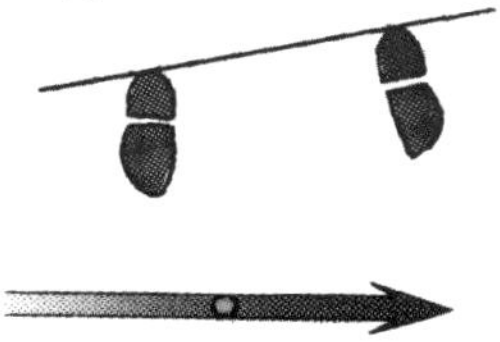

백 스윙에선 콕을 하지 않고 어깨와 팔만으로 들어올린다. 어깨의 선과 양팔이 만드는 삼각의 형태를 무너뜨리지 않고 그대로 공을 친다.

폴로스루는 의식하지 않고 공만 쳐내면 그만이다. 생각보다 런이 있으니 거리 계산에 신경을 쓴다.

15 40~50야드의 벙커 샷

SW로 공을 직접 친다.

인사이드로 백 스윙 하여 공은 양발 중앙에 둔다.

인사이드 아웃으로 공을 직접 치며 헤드가 모래 깊이 들어가지 않도록 주의한다.

PW로 모래를 폭발시킨다.

클럽페이스를 오픈시켜 어드레스하고 아웃사이드로 콕킹과 함께 들어올린다. 클럽페이스가 백스윙 톱에서 45° 정도 하늘을 향한다.

위에서부터 가파르게 헤드를 내려 공 뒤 모래를 폭발시킨다.

● 골프는 위선적인 것이 아니고 거꾸로 위선적인 인간들이 어김없이 자신들의 정체를 폭로하는 게임이다. ●

페어웨이 벙커 샷(1) 16

그린까지 꽤 많은 거리를 날려야 하는 페어웨이 벙커샷. 벙커 턱이 높지 않을 경우, 페어웨이 우드를 사용하는 것이 이점이 많다.

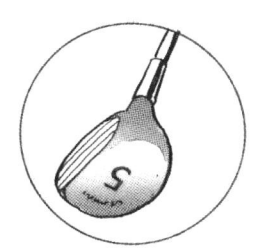

페어웨이 우드는 바닥(솔)이 평평해서 모래 깊이 박힐 염려가 없다.

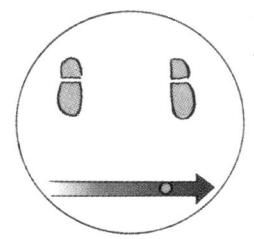

우선 공을 왼발 쪽에 둔다.

왼발 쪽에 있는 공을 옆에서 때릴 수 있도록 자세를 취한다.

큰 스윙은 공을 정확히 치는 게 어려울 뿐 아니라 스탠스가 흔들릴 수 있으니, 80%의 스윙으로.

가볍게 쓸어내듯 쳐준다. 높은 폴로스루를 하지 않는다.

17 페어웨이 벙커 샷(2)

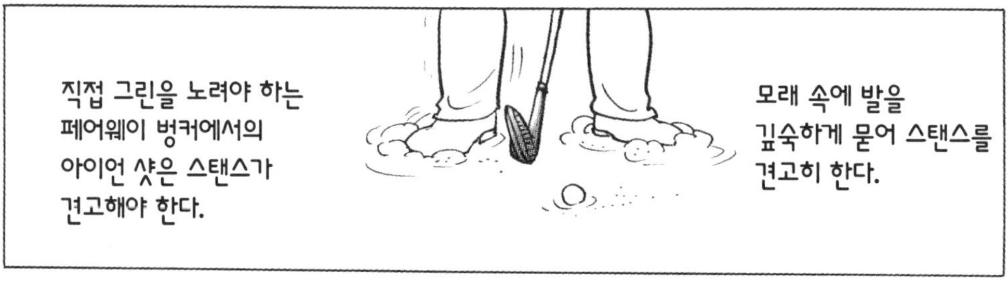

직접 그린을 노려야 하는 페어웨이 벙커에서의 아이언 샷은 스탠스가 견고해야 한다.

모래 속에 발을 깊숙하게 묻어 스탠스를 견고히 한다.

스탠스가 깊은 만큼 그립을 내려 잡는다.

7번 거리라면 6번이나 5번으로 긴 클럽을 선택해서 가볍게 백 스윙한다.

양발을 굳건히 한 채 팔로만 친다는 느낌으로 크게 휘두르지 않고, 공을 맞춰나간다. 폴로스루는 적게 해주어야 한다.

● 골프란 플레이 할 때는 90의 벽을 깨려고 노력하지만, 귀가 길 차안에서 '다음엔 꼭 100을 깨야' 라고 다짐하게 되는 게임이다. ●

onepoint lesson

제7장
어프로치 샷
APPROACH SHOT

1 70~80 야드의 어프로치 샷

30야드에서 10야드 안쪽의 어프로치 샷은 거리 맞추기가 몹시 까다로운 샷이다.

대개 거리를 맞춰가는 어프로치 샷은 백 스윙의 크기로 하게 되지만

80야드
60야드
30야드

70~80야드의 거리라면 피칭웨지로 보통의 풀 샷과 같이 백 스윙을 가져간다.

다만 그립은 짧게 잡는다.

다운 스윙과 임팩트 역시 보통의 풀 샷과 같이 한다. 그러나 헤드를 낮게 흐르도록 해주고 폴로스루는 없이 끝낸다.

손이 허리 높이 이상 올라가지 않고 스윙을 끝내 준다. 공은 높이 뜨고 스핀이 잘 걸려 70~80야드의 거리를 보낼 수 있다.

공 앞 30cm 앞에 또다른 공을 친다는 느낌

● 살아가면서 아무리 노력해도 오래가지 못하는 것이 두 가지 있다. 자동차의 뒤를 쫓는 개와 파를 노리고 칩샷을 구사하는 골퍼이다. - 리 트레비노 ●

3 포대 그린의 어프로치 샷

포대 그린에서의 어프로치 샷은 런이 많이 발생하므로 떠워 치는 것이 유리하다.

스탠스는 오픈으로 서고 클럽페이스는 열어서 어드레스한다.

오픈으로 선 만큼 백 스윙은 목표방향에 평행되게 들어준다. 밖으로 들어 올리는 기분이다.

목표선상으로 가볍게 떨어뜨리듯 쳐준다. 페이스가 덮이지 않게 하늘을 향하도록 신경을 쓴다.

공은 생각보다 오른쪽으로 날게 되니 왼쪽을 노려야 한다.

쇼트 어프로치 샷 4

짧은 거리의 어프로치 샷을 뒤땅이나 토핑을 쳐서 실패하는 경우가 많다. 이는 여러가지 이유가 있겠으나 가장 큰 원인은 스윙 템포가 없기 때문이다.

손목힘으로 거리를 맞춰 나가기 위해 급히 헤드를 내려서는 템포를 잃게 된다.

쇼트 어프로치에서는 기술적인 면보다 스윙의 템포를 천천히 가져가는 것이 성공의 포인트이다.

짧을수록 급하게 치려 하지 말고 천천히 올렸다가 천천히 내려야 한다.

거리는 백 스윙의 크기로 조절하고 일정한 힘으로 천천히 친다면 원하는 거리를 얻을 수 있다.

5 그린 주위의 어프로치 샷(1)

그린 주위에서의 칩 샷을 할 때 스탠스가 넓으면 양 무릎의 움직임이 따로 놀아 손목으로 떠올리는 샷이 되기 쉬우므로 토핑이나 뒤땅이 발생한다.

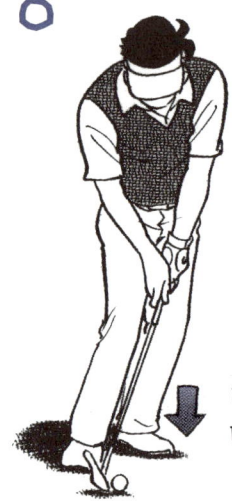

짧은 칩 샷일수록 스탠스를 한껏 좁혀서 양무릎을 가까이 한다. 오픈 스탠스에 공은 오른쪽으로 위치시킨다.

체중은 왼발 쪽에 더 둔다.

어깨와 팔만으로 목표방향 직후방으로 가볍게 백 스윙한다. 이때 오른 손목을 약간 콕한다.

가볍게 공에 헤드를 떨어뜨리듯 부딪혀간다. 이때 약간 콕한 오른 손목을 풀지 않고 그대로 임팩트 한다. 양 무릎을 너무 쓰지않으려 경직시킬 필요는 없다. 리듬감 있게 약간 목표방향으로 돌려준다. 임팩트후에도 클럽 페이스가 변하지 않게 한다.

● 남성은 홀을 노리고, 여성은 깃발을 노린다. 이 얼마나 섹시한 게임인가! ●

그린 주위의 어프로치 샷(2) 6

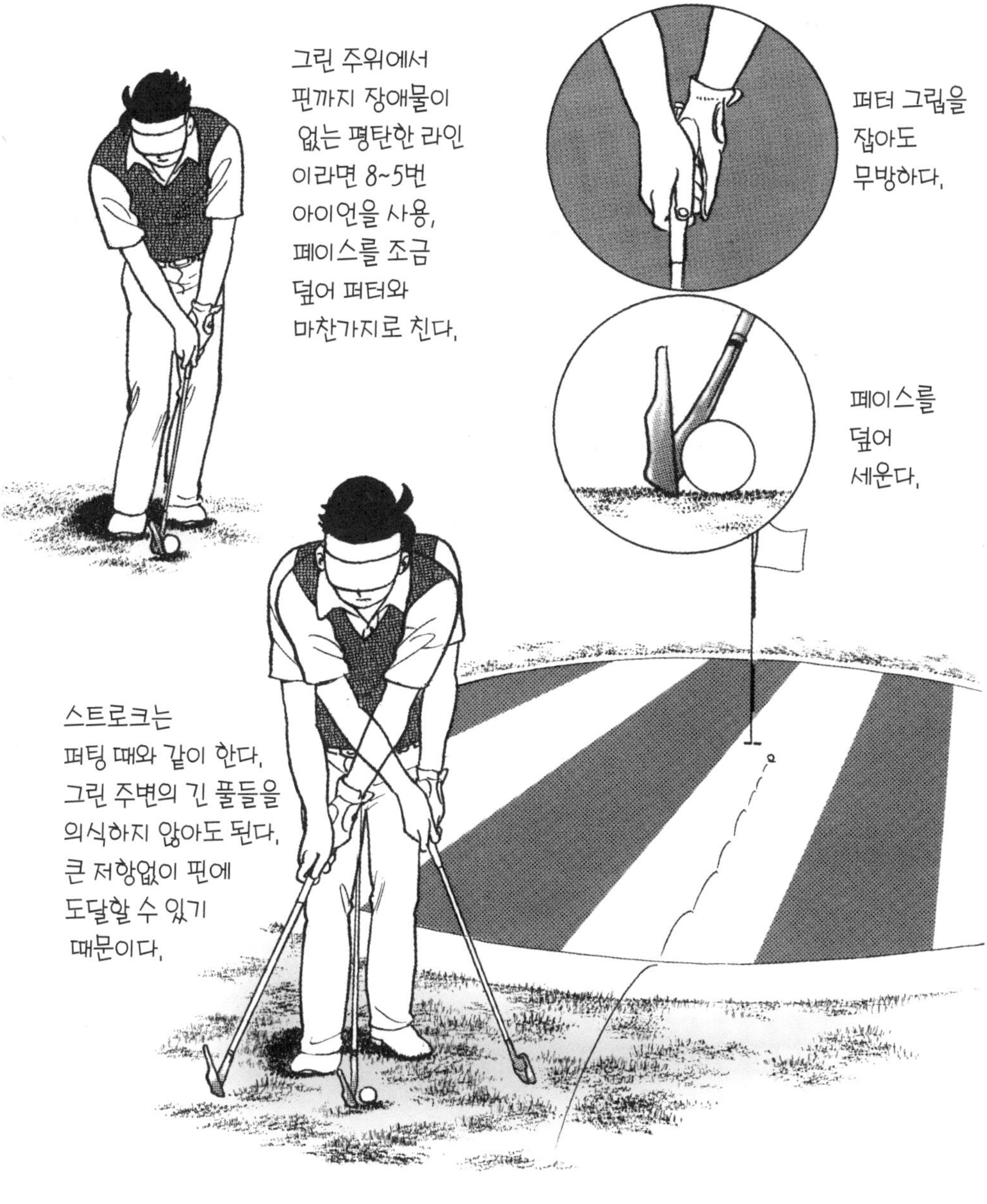

그린 주위에서 핀까지 장애물이 없는 평탄한 라인이라면 8~5번 아이언을 사용, 페이스를 조금 덮어 퍼터와 마찬가지로 친다.

퍼터 그립을 잡아도 무방하다.

페이스를 덮어 세운다.

스트로크는 퍼팅 때와 같이 한다. 그린 주변의 긴 풀들을 의식하지 않아도 된다. 큰 저항없이 핀에 도달할 수 있기 때문이다.

olf

7 쇼트 어프로치 때 어드레스의 차이에 의해 구질이 달라진다

① 런이 많은 샷을 내고 싶을 때

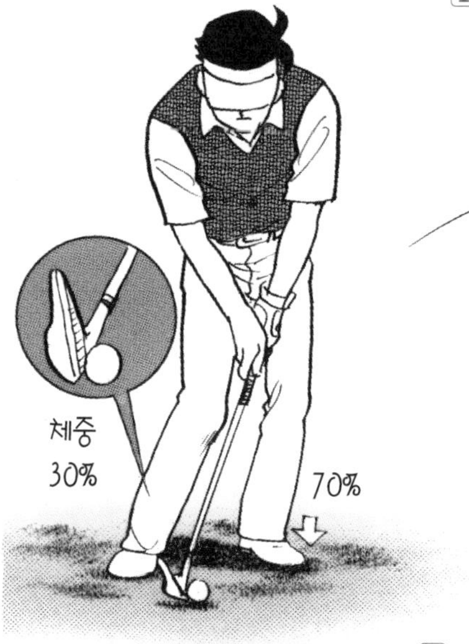

체중은 왼발에 싣고
공은 오른발 앞에 두게 되면
핸드 퍼스트 자세가 되어
같은 P,W라도 각도가
세워진다.

체중 30%   70%

② 스핀이 걸리는 샷을 하고 싶을 때

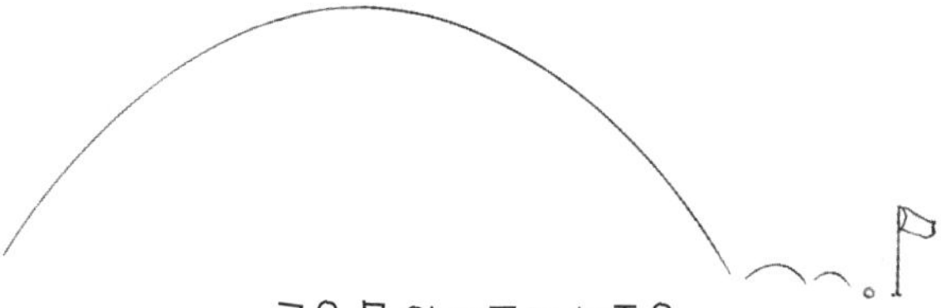

공은 몸 앞에 두고 체중을
오른발에 약간 더주면
같은 P,W 라도 각도가
높게 된다.

체중 60%   40%

● 만일 트러블이 발생했다면 그 이상의 트러블은 일어나지 않도록 해야 한다. ●

다양한 클럽으로 핀에 붙이기 8

어프로치 샷에서는 클럽에 따라 런의 길이를 변화시킬 수 있다.

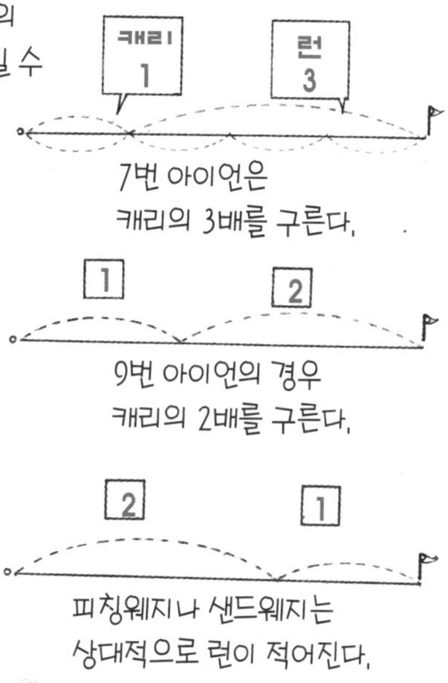

| 캐리 1 | 런 3 |

7번 아이언은 캐리의 3배를 구른다.

| 1 | 2 |

9번 아이언의 경우 캐리의 2배를 구른다.

| 2 | 1 |

피칭웨지나 샌드웨지는 상대적으로 런이 적어진다.

그린 주변에서는 한 클럽만 고집할 것이 아니라, 여러 가지 클럽으로 상황에 대처하는 것이 좋다. 즉, 그린에 가까울수록 큰 클럽으로 많이 굴러가게 하는 것이 핀에 붙이는데 유리하다.

Golf

9 그린 주변에서 라이가 좋으면 퍼터를 사용한다

비록 온 그린은 되지 않았다 해도 공의 구름에 크게 방해 받지 않는 라인이라면 퍼터를 사용하는 것이 좋다.

그러나 이럴 땐 잔디의 결이 무엇보다 중요하다.

잔디가 역으로 누워있을 때 퍼터 사용은 피하는 것이 좋으며, 순결 때보다 강하게 쳐주어야 한다.

어쨌든 그린 주변에서 퍼터를 사용할 경우 평소에는 손목을 쓰지 않는 퍼팅을 하지만 이런 경우 왼손 그립을 지점으로 하여 흔들이처럼 움직여준다.

팔의 위치는 고정시킨 채 손목만으로 친다면 오버스핀이 걸려서 그린 주변의 잔디를 잘 타고 굴러 간다.

● 연습이 필요한 사람일수록 연습에 게으르다. - 벤 호건 ●

핀이 바로 앞에 있을 때 10

핀에 붙이고자 할 때 라인이 특별히 장애가 없다면 띄우는 샷보다 굴리는 샷이 절대 유리하다.

굴리고자 할 때는 헤드를 위에서 떨어뜨려서는 안 된다.

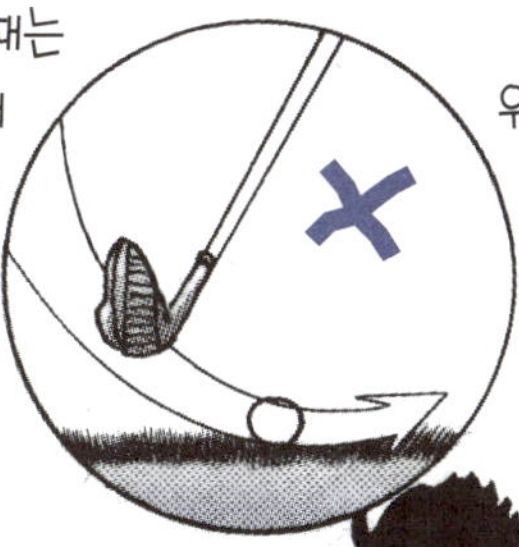

위에서 떨어뜨리면 백 스핀이 걸려 구름이 일정치 않다.

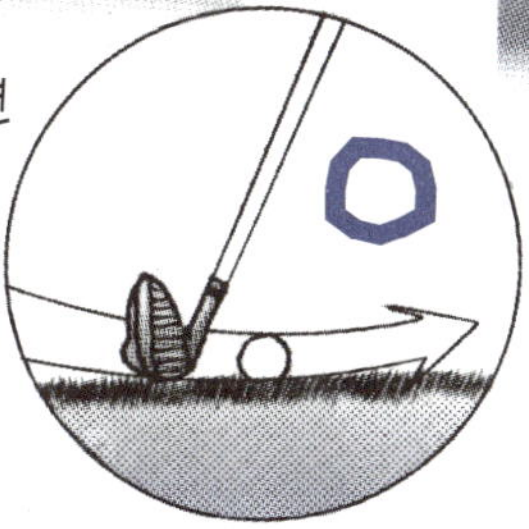

헤드를 낮게 올려쏠듯이 쳐준다.

체중을 왼 다리에 걸치고 퍼팅하듯 굴려간다. 중요한 것은 임팩트 때 왼 겨드랑이, 왼 팔꿈치가 느슨하면 정확하게 임팩트 시킬 수 없다. 왼 겨드랑이를 조여 헤드가 쫓아가듯이 낮게 헤드를 낸다.

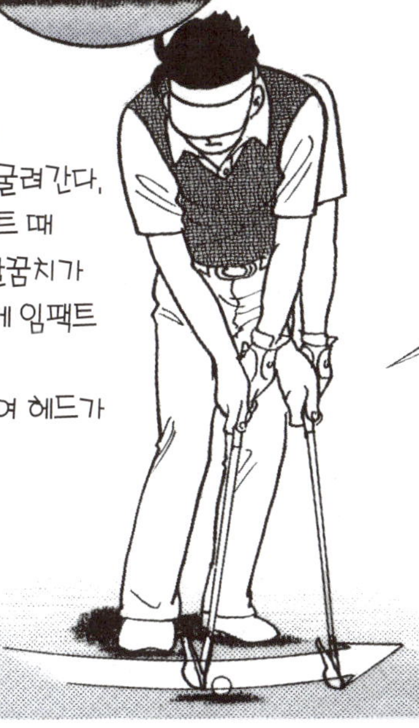

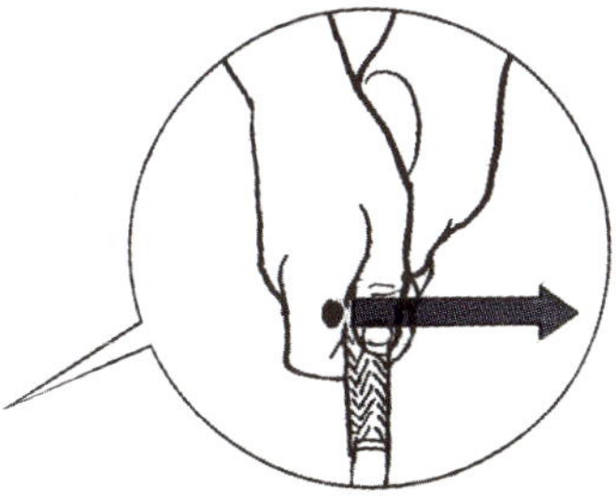

손가락 끝부리쪽으로 밀어주어 페이스가 핀을 향하게 해준다면 공은 잘 굴러가게 된다.

싱글로 가는 원포인트 레슨

11 내리막 경사의 그린에 핀이 가까울 때

내리막 경사에 핀까지 가까울 때에는 굴려서 핀에 붙이기는 무척 힘이 든다.

이런 라인일 때는 스탠스를 오픈으로 넓게 벌려서고, 공은 왼발 쪽에 둔다. 클럽은 샌드웨지가 좋다.

페이스는 열어서 어드레스한다.

약간 웅크린 자세로 백 스윙은 콕킹을 전혀 하지 않고, 뻣뻣하게 뒤로 빼준다.

그리고 팔만의 스윙으로 쳐준다. 스윙 내내 손목을 쓰지 않고 몸쪽으로 당기듯 쳐주며 헤드가 공 밑을 잘라주듯 쳐나간다.

스윙이 끝난 후 헤드 끝이 아래를 향하도록 해준다.

공은 높이 떠서 부드럽게 떨어져 런이 발생하지 않고 핀에 접근한다.

러브(Lob) 샷 12

벙커 너머 핀이 가까이 있을 때 붙이는 샷은 매우 고난도의 기술이 필요하다.

부드럽게 올려서 떨어지고 나서 1~2m에서 멈추게 해야 한다.

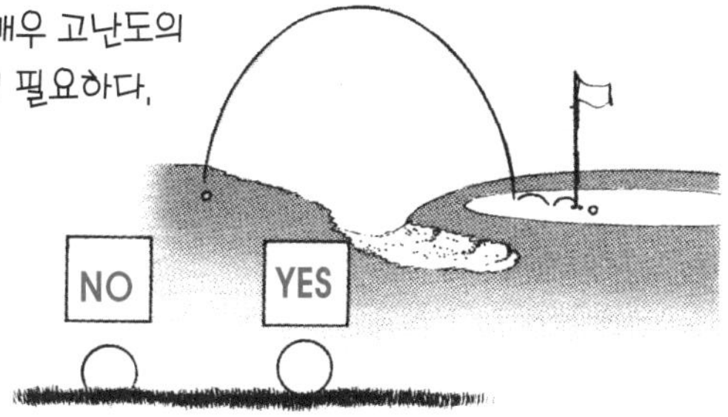

NO **YES**

이 경우 라이가 문제이다. 공이 떠 있지 않으면 안된다.

샌드웨지로 클럽을 오픈 시켜 양 팔꿈치는 여유를 가지고 늘어뜨린다. 스탠스는 오픈으로 선다.

콕과 동시에 헤드를 높이 아웃사이드로 들어올린다. 벙커 샷 때와 같은 요령이다.

NO

다운 스윙에서 폴로스루까지 페이스의 방향이 바뀌지 않도록 천천히 휘두른다.

임팩트 이후 왼 팔꿈치를 빼듯이 한다.

YES 임팩트 때는 페이스에 공을 싣는 느낌이다. 위에서 맞히지 않고 공 밑을 자른다는 느낌이다.

13 맨땅에서의 어프로치 샷

클럽헤드 힐 부분이 들리도록 어드레스하고 헤드 끝으로 친다.

공을 오른발 앞에 위치시킨다.

콕킹없이 퍼팅 때와 같이 어깨 회전만으로 백 스윙한다.

클럽 토(끝)부분으로 공을 친다. 손목이 꺾이지 않도록 주의한다. 약간 강하게 쳐도 생각보다 런이 많지 않고 뒤땅 확률이 거의 없다.

● 대다수 사람들이 기본도 익히지 않은 채 스코어를 줄이려고 한다. 그것은 걷는 법도 모르고 뛰려는 것과 같은 매우 어리석은 짓이다. - 진 사라센 ●

역으로 누운 그린 주변의 러프에서의 샷 14

역으로 누운 러프에서는 헤드가 빠져 나가지 못해 짧아지는 경우가 많다.

이런 때는 최대한 공에 가깝게 다가선다.

그립은 짧게 잡고 왼손 그립을 꽉 쥔다.

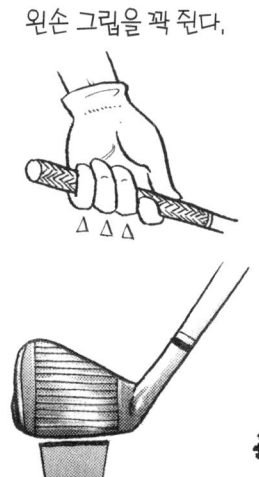

헤드의 리딩에지로 치는 느낌으로 헤드를 공에 맞혀 나간다.

큰 스윙은 필요없다. 작은 동작으로 정확하게 공을 잡는다. 역으로 누운 잔디에선 헤드의 빠짐이 나빠련이 많으니, 그것도 계산에 넣어 거리를 맞춘다.

싱글로 가는 원포인트 레슨

15 그린 주변의 깊은 러프

그린 주변에서 러프가 깊으면 헤드가 잔디에 먹혀서 공이 나가지 않을 때가 있다.

이럴 때 핀에 붙이는 방법은 두 가지가 있다. 하나는 클럽을 짧게 잡고, 리딩에지를 공에 맞히는 법.

또 하나는 클럽을 가볍게 잡고 공 밑을 빠져 나가는 법.

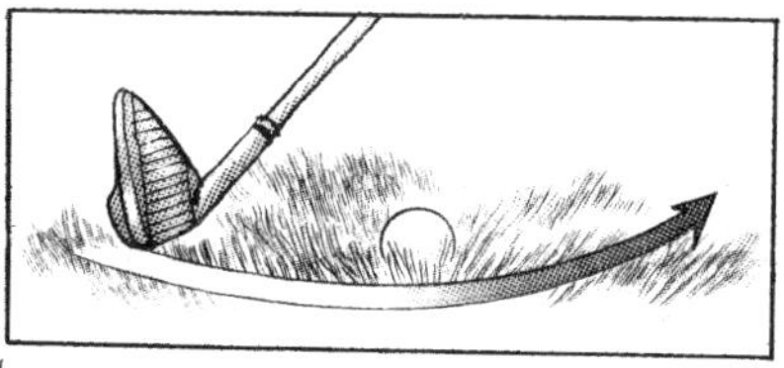

첫 번째 방법에서는 위에서 탁하고 날카롭게 치며 폴로스루를 하지 않는다.

이 경우 쳐낸 공이 잘 굴러가기 때문에 강약을 조정해야 한다.

천천히

두 번째 방법은 스윙을 편하고 크게 한다. 헤드의 무게를 시종 느끼며 휘두른다.

공은 높이떠서 구르지 않으니 떨어뜨릴 곳에 신경을 쓴다.

● 물구나무를 선다고 해서 내가 그렉 노먼이 될 수는 없다. 이것이 내가 골프에서 배운 최대의 교훈이다.
  - 브루스 윌리스 ●

그린 에지의 경계에 붙어있는 공의 처리 16

그린 에지의 경계 부분에 공이 있는 경우

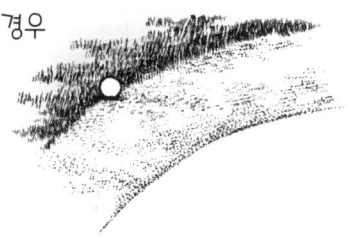

공 뒤의 러프가 방해되고 헤드와 공 사이에 잔디가 끼어 잘 친다는 것이 쉽지 않다.

퍼터로도 처리하기 쉽지않은 이런 라이에선 샌드웨지를 사용하는 것이 좋다.

샌드웨지의 리딩에지로 공의 뒷부분을 옆에서 쳐나간다.

치는 방법은 퍼터와 같은 요령으로 손목을 쓰지 않고 양 팔꿈치로 쳐나간다.
공의 조금 위를 옆에서 쳐준다면 퍼터 때와 같이 잘 굴러 간다.
공 위를 쳐주기 때문에 공 뒤 긴 풀의 방해를 받지 않는다.

용어 해설(ㅅ~ㅇ)

서든 데스(sudden death) : 연장전(플레이 오프)에서 1홀마다 승부를 정하는 방법.

셋업(set up) : 어드레스와 같은 뜻. 공을 치기 위해 자세를 집는 것.

쇼트 게임(short game) : 그린 또는 그 주위에서의 플레이. 6번 이하의 아이언을 사용한다.

스웨이(sway) : 스윙할 때 몸의 중심선을 좌우 또는 상하로 이동시키는 것.

스위트 스팟(sweet spot) : 클럽 페이스의 중심점. 이 부분으로 공을 치면 이상적인 타구가 되도록 설계되어 있다.

스크래치(scratch) : 핸디캡을 정하지 않고 동등한 조건으로 하는 경기.

스탠스(stance) : 공을 향해서 양 발의 위치를 정하고 타구의 자세를 취하는 것. 즉, 발을 놓는 위치. 스퀘어·클로즈드·오픈의 세 가지 기본 스탠스가 있다.

솔(sole) : 클럽헤드의 바닥면. 솔을 지면에 대는 것을 '솔한다'고 하고, 그 시점이 어드레스한 것이 된다. 해저드(벙커) 내에서 클럽헤드가 지면(또는 수면)에 닿게 되면 1벌타가 주어진다.

스푼(spoon) : 3번 우드의 별칭.

아웃 드라이브(out driver) : 상대방보다 멀리 드라이버 샷을 하는 것. '오버 드라이브'와 같다.

어드레스(address) : 스탠스를 잡고 공에 클럽을 재고 겨누는 일. 골프 규칙에는 "플레이어가 스탠스를 취하고 클럽을 땅 위에 댔을 때, 해저드 안에서는 스탠스를 취했을 때, 어드레스한 것으로 인정한다."라고 되어 있다.

어프로치 샷(approach shot) : 그린 가까이에서 핀을 향해 공을 치는 일. 쇼트 게임. 칩(chip), 피치(pitch), 러닝(running) 어프로치 등이 있다.

언듈레이션(undulation) : 코스 내의 고저 기복을 말함.

언플레이어블(unplayable) : 공이 플레이할 수 없는 상태에 놓였다고 판단할 때 하는 선언.

업 힐 라이(up hill lie) : 목표를 향해 오르막 사면에 공이 있는 경우를 말한다.

업라이트 스윙(upright swing) : 스윙할 때 클럽헤드의 궤도가 수직에 가까운 타법. 플랫 스윙에 반대되는 말이다.

에어 샷(air shot) : 못 맞히는 것(헛 스윙).

왜글(waggle) : 백 스윙을 시작하기 전에, 공에 대해 클럽 헤드를 작게 휘두르는 예비 동작. 공에 대해 정신을 집중시키고, 근육을 풀기 위해 행한다.

익스플로전 샷(explosion shot) : 공이 벙커에 떨어졌을 때 모래와 함께 쳐내어 그 압력으로 공을 모래와 함께 벙커로부터 탈출시키는 샷.

입스(yips) : 짧은 퍼팅에서 손이나 손목의 근육에 영향을 크게 미치는 불안정한 컨디션.

one point lesson

제8장
퍼팅
PUTTING

1 퍼팅 그립

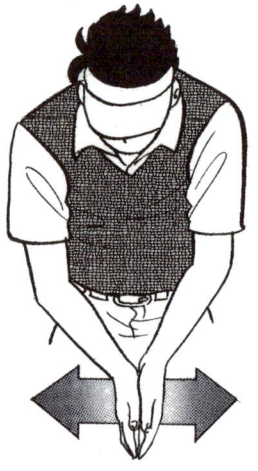

퍼팅 그립은
어떤 형태를
취하던지
양손바닥을
마주대고,
손등이 목표선과
일치되도록
해주는 것이
정석이다.

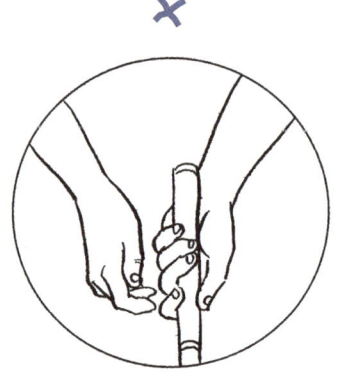

잡아 당겨지거나 손목을
쓰지 않기 위해 지나치게
왼 손목을 틀어 손바닥이
전면으로 향하게 하는
변칙 그립을 하는 경우가
있지만 부드러운 스트로크를
하는데 무리가 따른다.

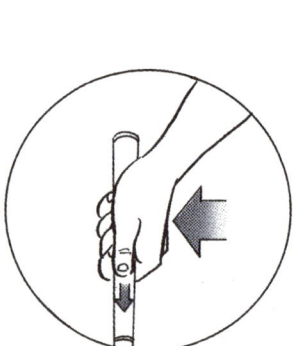

먼저 왼손을
옆에서 대듯 잡고
엄지는 샤프트를 따라
똑바로 뻗는다.

정면 단면도

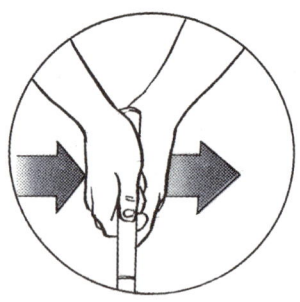

오른손 엄지를
샤프트를 따라
뻗으면
양손등이
목표선상과
일치하게 된다.

때문에 퍼터의 그립은
정면이 넓다.
엄지를 놓기 쉽게
고안되어 있는 것이다.

퍼팅의 종류 2

퍼팅 스트로크는 크게 봐서 두 가지 형이 있다.

하나는 '탁' 하고 때리는
탭(Tap)형이다.
이는 손목으로 치는 타입과
어깨로부터 팔 전체로
'툭' 치는 타입이다.

또 하나는 쓸어치듯 하는
스트로크(Stroke)형이다.
이는 손목을 고정하고
어깨와 팔로 쓸듯
스윙해 나간다.

탭형의 퍼팅은 가능한 한 그립을
가볍게 잡아 헤드 무게를 많이
느끼며 치는 것이 유리하다.

스트로크형은 그립을 견고히
잡아 손목을 고정시킨다.

자신은 어느 형으로
치고 있는지
또 그것이 자신에게
맞는 형인지
생각해 보는
시간을 가져 본다.

어떤 골퍼는 쇼트퍼트일 때는 탭형, 롱 퍼트일 때는 스트로크형으로 치기도 한다.
그러나 유능한 골퍼는 그날 18홀을 라운드하면서 한 가지형으로 하고 있는 것을 볼 수 있다.

3 퍼팅의 기본

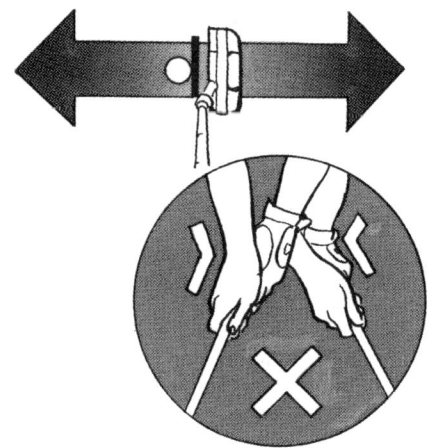

퍼팅의 기본은 목표선상으로 똑바로 뺐다가 똑바로 내주는 것이다.

그러나 목표선상으로 똑바로 뺐다가 똑바로 내주기가 쉽지 않은 일이다.
특히 손목을 쓰거나 손끝으로 공을 치려 하면 헤드는 일정한 방향을 잃고 만다.

퍼팅의 기본은 손목을 쓰지 않고 팔꿈치와 어깨를 스윙하는 것이다.

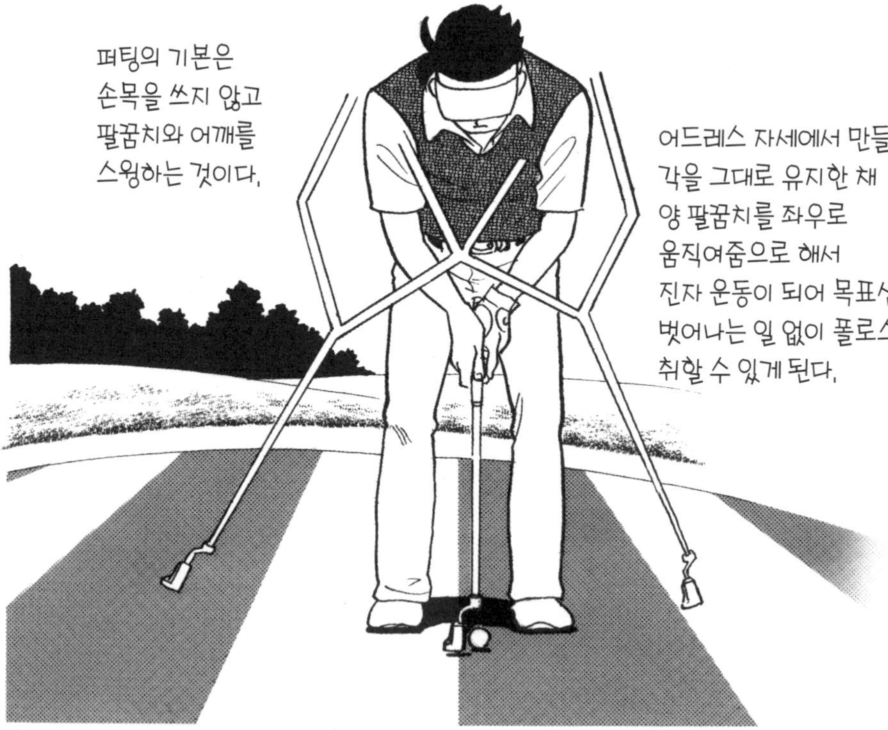

어드레스 자세에서 만들어진 각을 그대로 유지한 채 양 팔꿈치를 좌우로 움직여줌으로 해서 진자 운동이 되어 목표선상을 벗어나는 일 없이 폴로스루를 취할 수 있게 된다.

롱 퍼트 4

롱 퍼트는 방향성보다 거리를 맞춰가는 것이 중요하다.
거리감을 쉽게 느끼기 위해서는 낮은 자세보다 높은 자세가 거리감을 감지하는데 유리하다.

낮은 자세로는 거리감을 파악하기 어려워진다.

롱 퍼트는 세게 치려고 그립마저 강하게 잡으면 오히려 탄성을 잃어서 짧아지기 쉽다.

평소보다 자세를 높이고 그립을 부드럽게 하고 손목은 유연하게 사용한다.
헤드의 무게를 느끼며 크게 후려친다면 롱 퍼트의 거리감을 맞춰나가기 쉬워진다.

싱글로 가는 원포인트 레슨   Golf >> 113

5 롱 퍼트의 거리 맞추는 법(1)

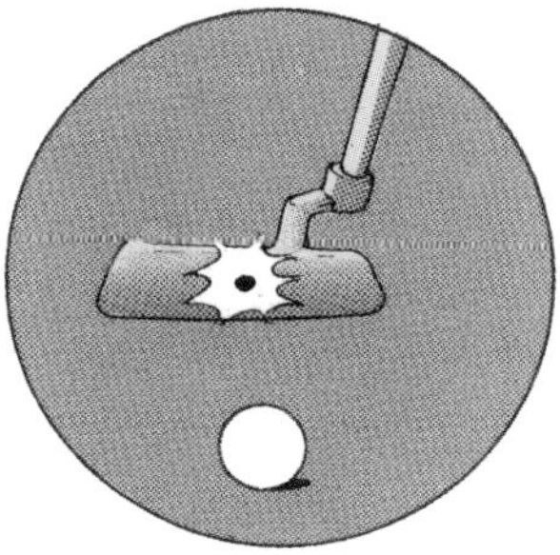

먼저 라운드 시작 전 연습그린에서 퍼터의 중앙으로 공을 치는 연습을 해본다. 같은 힘으로 공을 쳐도 퍼터의 중심부위에 맞지 않으면 거리가 달라지기 때문이다.

컵에 넣는 연습보다 정확하게 맞히는 연습을 몇번이고 한다.

그리고 자기가 가장 휘두르기 쉽고 편안한 자세로 쳐보고 그 거리가 얼마나 되는지 확인한다.

내가 가장 편안하게 치면 12m가 된다.

편안하게 친 거리를 기준으로 해서 실제 라운드 때 그 거리를 가감해가며 쳐나간다. 또 경사면 그린의 상태를 계산해서 거리를 맞춰간다면 막연히 목측으로 그냥 쳐나가는 것보다 훨씬 쉽게 거리를 맞춰 갈 수가 있다.

롱 퍼트의 거리 맞추는 법(2) 6

내리막 경사

10m의 내리막 경사일 경우 공을 7m만 보내도 컵에 닿을 수 있다고 판단되면 7m지점에 가상의 컵을 그려놓고 그곳으로 보내듯이 스트로크 한다.

오르막 경사

반대로 오르막 라인일 경우 10m의 거리라면 컵 뒤 13m 혹은 15m지점에 가상의 컵을 그려놓고 그곳으로 공을 보내듯이 쳐준다.

막연히 거리를 맞추려 하지 말고 목측, 또는 걸음거리로 홀과의 거리를 파악하고 경사도에 따라 가감해서 쳐 준다면 거리를 맞춰나가기 쉬워진다.

싱글로 가는 원포인트 레슨

7 쇼트 퍼트(1)

골프에서 쇼트 퍼트를 실패해서 받는 스트레스는 라운드 전체에 영향을 미칠 만큼 크다.

실패의 원인은 두 가지, 짧거나 라인을 놓치는 경우이다.

쇼트 퍼트에서는 두 가지 방법이 있다. 한 가지는 왼손 그립을 꽉 쥐고 탁하고, 강하게 치는 법이다.

두 번째는 그립 전체를 부드럽게 잡아 라인대로 헤드를 내미는 방법이다.

중요한 것은 자신의 평소 실패를 염두에 두어 두 가지 중 어느 방법을 택할지 시험해 보도록 한다.

● 퍼트의 실수는 판단의 잘못에서 오기보다 잘못 친 경우가 대부분이다. ●

쇼트 퍼트(2) 8

쇼트 퍼트는 무엇보다도 과감하게 치는 것이 중요하다. 웬만한 경사의 라인은 무시하고 쳐준다. 자세는 롱 퍼트에 비해 낮게 잡는 편이 좋다.

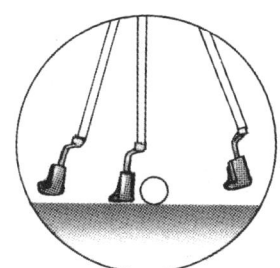

아무리 짧은 거리라도 홀을 향해 똑바로 밀어주는 것을 잊어서는 안 된다.

짧은 거리일수록 특히 헤드업의 영향을 많이 받는다. 머리를 들어 페이스를 닫든지 몸을 돌려 페이스가 열려서 실패하는 경우가 많다. 컵에 공이 들어가는 순간까지 원래 있는 공 자리에서 눈을 떼지 않도록 한다.

싱글로 가는 원포인트 레슨

9 오르막 라인과 내리막 라인의 퍼팅

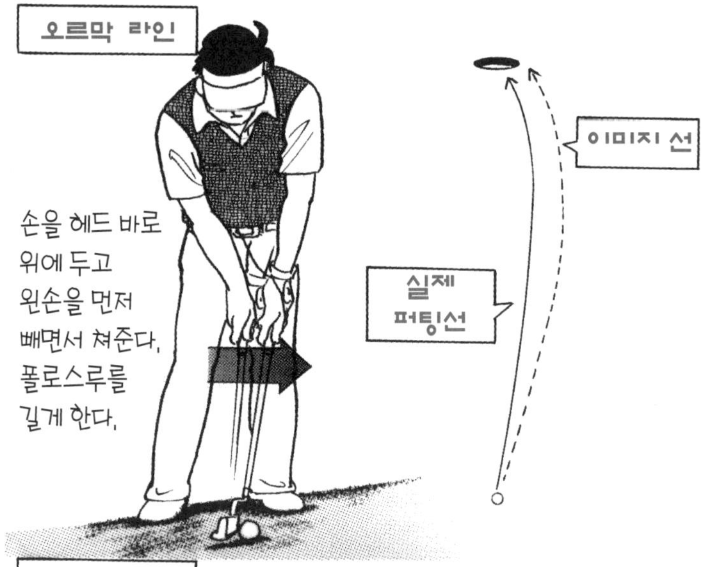

오르막 라인

손을 헤드 바로 위에 두고 왼손을 먼저 빼면서 쳐준다. 폴로스루를 길게 한다.

오르막 라인의 퍼팅은 실제 보이는 각도보다 좀 적게 해서 쳐준다. 스트로크 힘으로 굴러가는 오르막 라인은 생각보다 경사를 많이 타지 않는다.

내리막 라인

급한 내리막 일수록 폴로스루를 아주 작게 톡치고 만다는 느낌이다.

그러나 내리막 라인의 퍼팅은 보이는 각도보다 좀더 많은 각도로 쳐준다. 스스로 경사면을 따라 흐르듯 구르는 내리막 라인은 공이 멈출 쯤에서는 생각보다 많이 휘게 된다.

● 퍼트에서 가장 나쁜 것은 어떻게든지 실패하지 않겠다는 생각이다. ●

경사진 라인의 퍼트 10

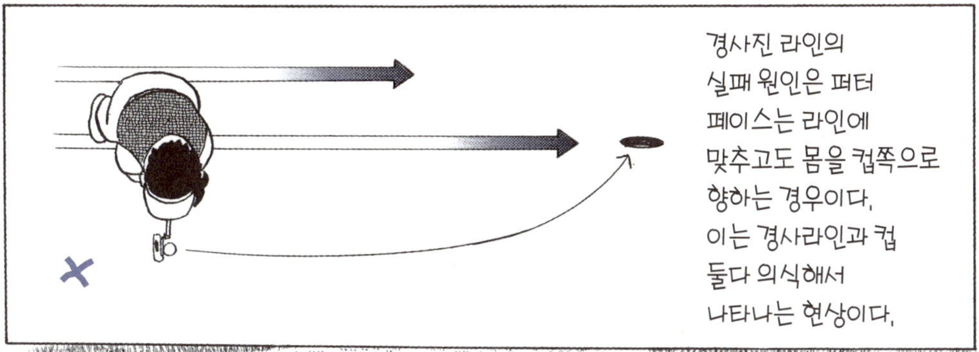

경사진 라인의 실패 원인은 퍼터 페이스는 라인에 맞추고도 몸을 컵쪽으로 향하는 경우이다. 이는 경사라인과 컵 둘다 의식해서 나타나는 현상이다.

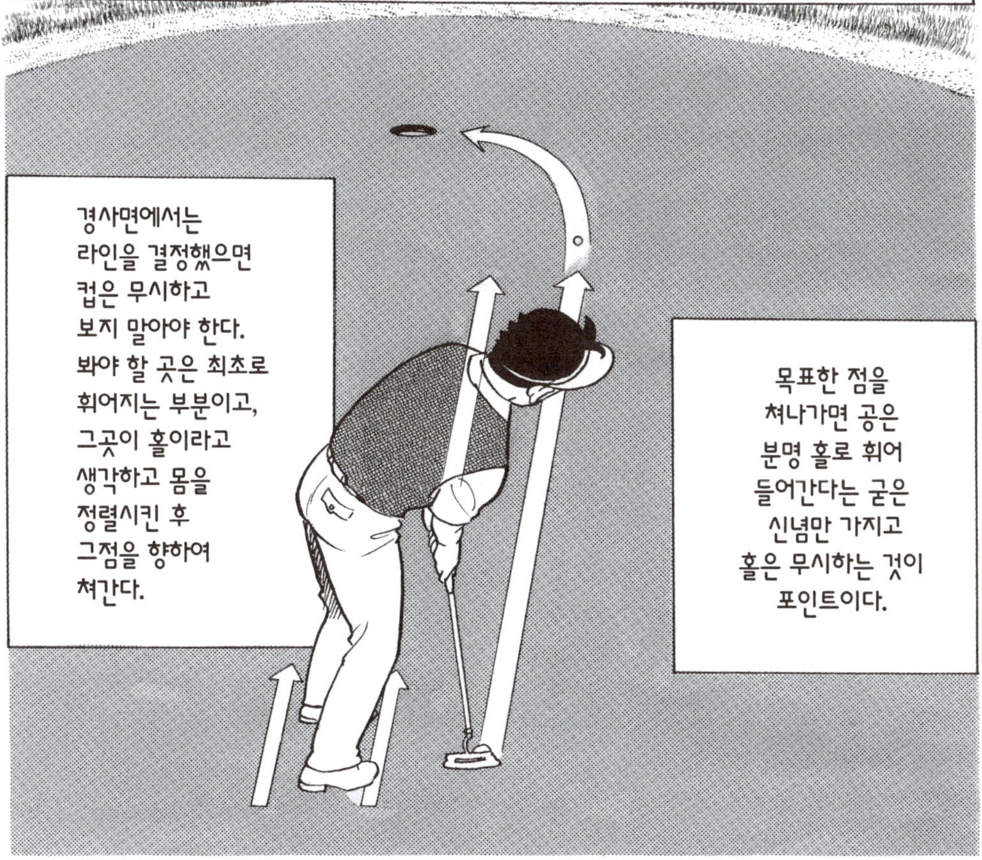

경사면에서는 라인을 결정했으면 컵은 무시하고 보지 말아야 한다. 봐야 할 곳은 최초로 휘어지는 부분이고, 그곳이 홀이라고 생각하고 몸을 정렬시킨 후 그점을 향하여 쳐간다.

목표한 점을 쳐나가면 공은 분명 홀로 휘어 들어간다는 굳은 신념만 가지고 홀은 무시하는 것이 포인트이다.

11 심한 경사라인의 퍼팅법

꼭 넣어야 할 쇼트 퍼트 때 심한 경우 어느 정도 힘을 주며, 경사면을 얼마나 감안해야 할지 까다로울 때가 많다.

변칙적인 방법일지 몰라도 슬라이스 라인에서는 훅 볼을, 훅 라인에서는 슬라이스 볼을 쳐 주기도 한다.

슬라이스

훅

퍼터 페이스의 안쪽에 맞으면 훅, 바깥쪽에 맞으면 슬라이스 볼이 나온다.

슬라이스

훅

훅 라인이면 슬라이스 볼을 치고, 슬라이스 라인이면 훅 볼을 쳐준다.

그렇게 되면 쇼트 퍼트의 경우 라인을 무시하거나 조금만 보게 되어 성공 확률이 높다.

● 3퍼트 안 하려면 홀컵은 대야만큼 큰 구멍이라고 생각하라! ●

빠른 그린과 느린 그린 12

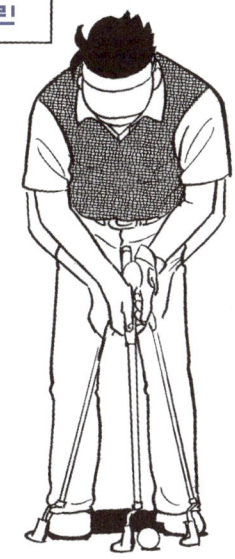

빠른 그린일 경우 평소보다 그립을 강하게 잡고 어깨와 팔꿈치의 움직임으로 공을 쳐준다.

스트로크 도중 손목을 쓴다거나 특별히 임팩트 순간 힘이 들어가지 않는 일정한 터치가 되어야만 그린이 빨라 터무니 없이 홀을 오버하는 일이 없어진다.

느린 그린

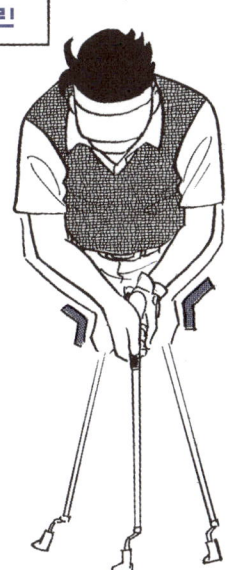

느린 그린일 경우 그립을 부드럽게 잡는 것이 유리하다.

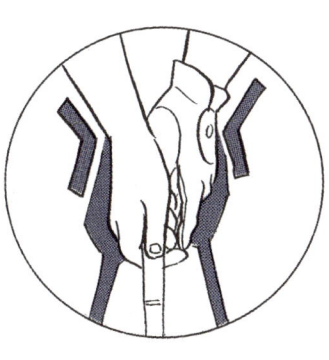

스트로크 때도 손목을 약간 써준다면 잘 구르지 않는 그린에서도 평소와 같이 잘 굴러가는 퍼팅을 구사할 수 있게 된다.

13 그린에서 역결과 순결을 파악하라

순결과 역결을 파악하는 법

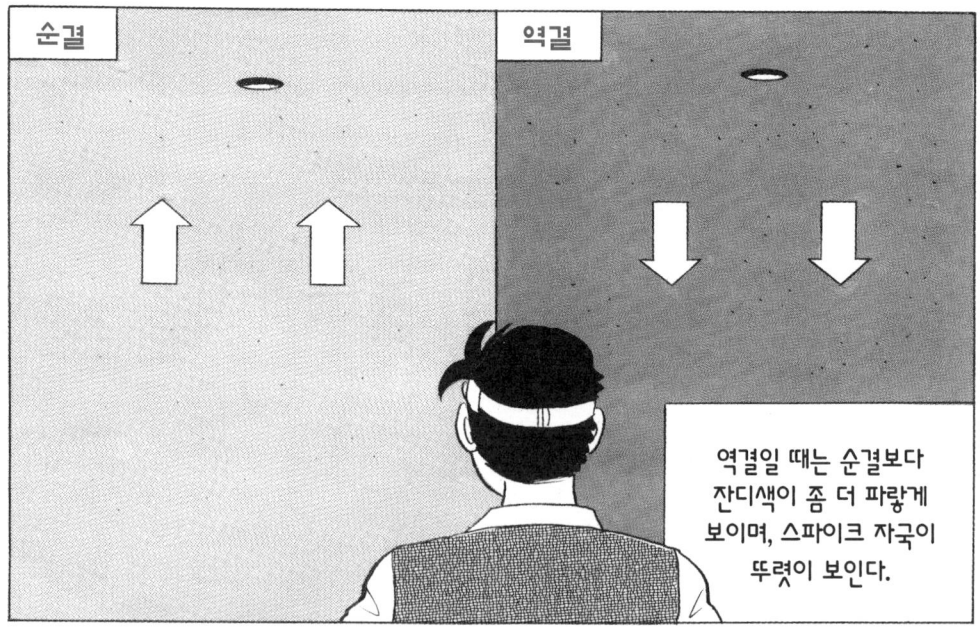

시간대별로 상태가 달라지는 그린 공략 14

라운드를 거듭해 오후로 접어들면서 롱 퍼트가 자꾸만 짧아지는 경우가 많게 된다.

이는 잘 깎아놔서 잘 구르던 그린도 오후에 들어 잔디가 조금씩 자랐기 때문에 공의 구름에 영향을 주기 때문이다.

오전   오후

골프란 예민한 운동이다. 오전과 오후의 그린이 다르다는 것을 알아야 한다. 라운드 도중 자꾸 쇼트가 되면 그린 상태가 달라졌다는 것을 빨리 감지해야만 그만큼 미스를 줄일 수 있게 된다.

싱글로 가는 원포인트 레슨   Golf >> 123

15 지형에 따라 경사면을 읽는다

평평하고 넓은 그린에서는 어디가 높고 낮은지 구분하기 곤란할 때가 많다.

언뜻 평평한 듯 하지만 꼭 그렇지만은 않다.

이런 경우 대개 산이 있는 쪽이 높은 경우가 많다.

특히 우리나라처럼 산을 깎아 조성한 코스는 산의 지형을 살펴야 한다.

높은 산이 있는 쪽이 대개 오르막인 경우가 많다.

높다

또한 해변일 경우에는 바다 쪽이 낮은 경우가 많다.

이런 지형적인 변화를 파악한 후 퍼팅에 임한다면 좋은 결과를 얻게 된다.

● 1미터 퍼팅은 실수하기에 충분한 거리이며, 실수를 하면 창피한 거리이기도 하다. ●

onepoint lesson

제9장
경사면에서의 샷
Down & Up hill lie

1 발끝이 높은 오르막 경사(1)

심한 경사의 발끝이 높은 오르막 라이에서는 스텐스를 바로 서기도 불편할 정도일 것이다.

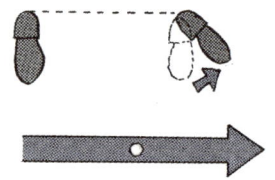

이럴 땐 오픈 스탠스에다 왼발 끝은 완전히 열고 서서 어드레스 한다.

스윙 중에 체중이 뒤로 쏠리면서 미스 샷이 발생하는 경우가 많으니, 무릎을 굽혀 스탠스를 견고히 한다.

미리 오픈시킨 왼발은 피니시 때 중심을 잡는데 용이하게 해주고 엄청난 훅 볼이 나는 것을 막아주는 역할을 한다. 하체를 고정시키고 어깨와 팔만으로 높은 피니시를 하지 않고 스윙을 한다.

● 굿샷에는 여신의 미소가, 미스샷에는 악마의 조소가 들린다. ●

발끝이 높은 오르막 경사(2)

발끝이 높은 오르막 경사면에서 몸을 많이 사용하는 큰 스윙은 실패의 원인이 된다.

하반신은 듬직하게 고정시킨 채 그립은 짧게 잡는다.

양무릎은 굽혀준다.

상체가 앞뒤로 움직이지 않는 것이 포인트

스윙을 크게 하면 몸이 많이 움직여지고 불안정한 스윙이 된다. 하반신을 고정시키고, 어깨와 팔만으로 스윙한다. 피니시는 높지 않게 한다.

이런 라이에서는 훅볼이 나오니까 목표보다 오른쪽을 노려서 쳐줘야 한다.

3 발끝이 낮은 내리막 경사(1)

발끝이 낮은 내리막 경사에서는 공의 위치를 좀 더 왼쪽에 위치시킨다.

클럽은 한 클럽 더 길게 선택하고 페이스를 약간 덮는 느낌으로 어드레스한다.

하체의 움직임 없이 팔로만 쳐준다. 백 스윙은 아웃사이드로 밖으로 뽑아올리는 기분이다.

이 샷은 높이 뜨지 않는 공이 발생한다. 더구나 페이스를 약간 덮어준 관계로 낮게 날지만 큰 슬라이스는 나지 않으니 팔로만 쳐도 거리를 손해보는 일은 없을 것이다.

● 그린은 천국이자, 동시에 지옥이다. ●

발끝이 낮은 내리막 경사(2)

발끝이 낮은 내리막 경사면에서 큰 스윙은 자세를 무너뜨리게 되어 실패를 부른다.

앞으로 쏠리려는 체중을 의자 뒤에 걸터 앉은 듯한 자세로 중심을 잡고 고정시킨다.

포인트는 스윙 중에 무릎에 변화를 주어서는 절대 안 된다. 그러기 위해서는 하반신은 고정시킨 채 팔로만 쳐준다.

다운 스윙 중에 조금이라도 무릎이 펴진다면 토핑이 발생한다. 공은 슬라이스성으로 날게 되니 목표보다 왼쪽을 겨냥한다.

Golf

5 업힐

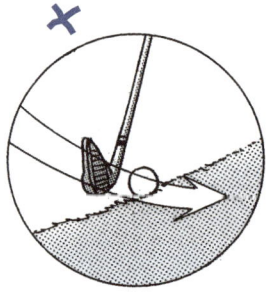

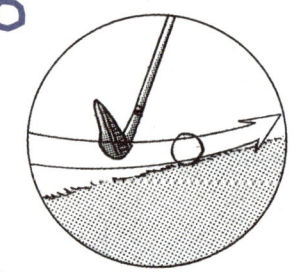

왼발 쪽이 높은 업힐 라이에서의 샷은 경사를 거슬러 쳐박는 샷이 되어서는 뒤땅을 치거나 훅이 발생한다.

헤드의 궤도는 경사면을 따라 쓸어치듯 쳐주어야 한다.

스탠스는 충분히 벌려서 오른발에 체중을 걸치고 경사면과 평행되게 양어깨선을 맞추고 공은 중앙에 위치시킨다.

체중은 오른발에 걸친 채로 체중이동 없이 경사면을 따라 휘두르고 빠져나간다. 자세를 무너뜨리지 말고 팔로만 치는 것이 포인트. 생각보다 공이 뜨게 되니 한 클럽 더 크게 잡고 가볍게 친다.

페이스에 공을 얹어가는 느낌이 들도록 한다.

업 힐 라이에서 주의할 점 6

업 힐 라이에서 자주 발생하는 것이 뒤땅치기와 훅볼이다. 평소와 같이 백 스윙이 높으면 뒤땅 위험이 있다.

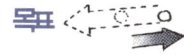

오픈으로 서서 공은 왼발 쪽이 아닌 중앙에 위치시킨다.

발보다 공이 높기 때문에 클럽을 약간 짧게 잡고 백 스윙은 보통 때보다 낮게 플랫으로 올린다.

체중이동을 하지 않고 의식적으로 오른손으로 쳐준다.

7 다운 힐

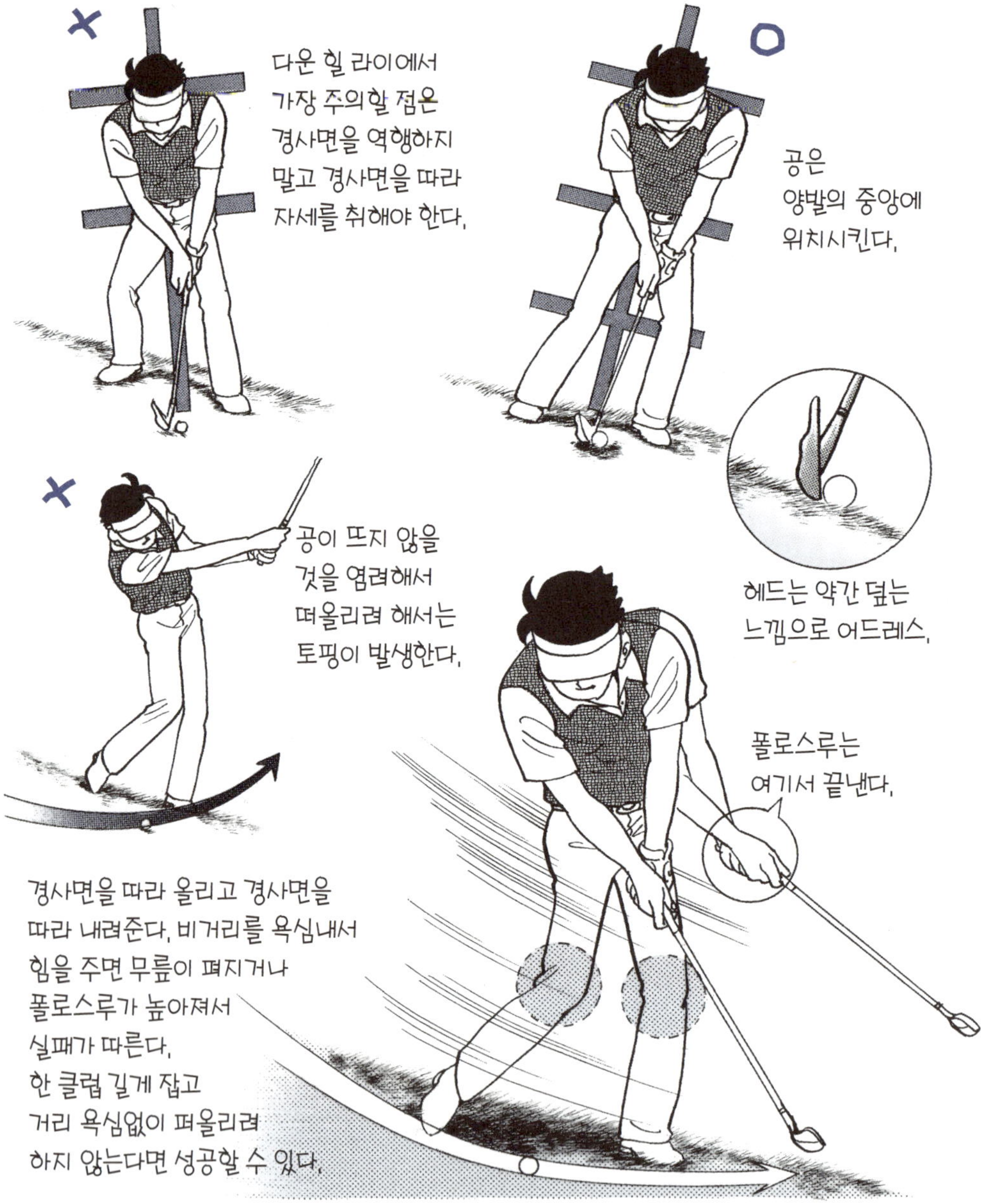

다운 힐 라이에서 가장 주의할 점은 경사면을 역행하지 말고 경사면을 따라 자세를 취해야 한다.

공은 양발의 중앙에 위치시킨다.

헤드는 약간 덮는 느낌으로 어드레스.

공이 뜨지 않을 것을 염려해서 떠올리려 해서는 토핑이 발생한다.

팔로스루는 여기서 끝낸다.

경사면을 따라 올리고 경사면을 따라 내려준다. 비거리를 욕심내서 힘을 주면 무릎이 펴지거나 팔로스루가 높아져서 실패가 따른다. 한 클럽 길게 잡고 거리 욕심없이 퍼올리려 하지 않는다면 성공할 수 있다.

다운 힐에서 주의할 점 8

다운 힐에서는 어드레스 때 굽힌 오른 다리가 임팩트 순간 펴지는 것이 가장 흔한 실수가 된다. 오른 다리가 펴지면 경사면을 따라 치기가 어려워진다.

그러기 위해선 백 스윙 때 오른 다리를 단단히 고정시켜야 한다. 어드레스 자세 때 그대로 상체만으로 올린다.

오른 무릎이 단단히 고정되어 있으면 몸의 축도 움직이지 않고 왼 다리의 높이도 변하지 않기 때문에 임팩트에 걸쳐 경사면을 따라 휘두르고 빠질 수 있게 된다.

9 다운 힐 라이에서는 생크를 주의하라

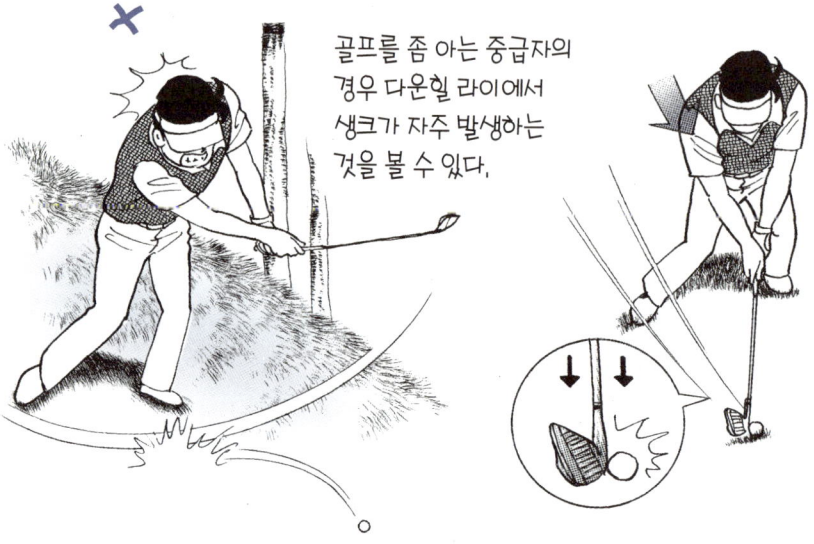

골프를 좀 아는 중급자의 경우 다운힐 라이에서 생크가 자주 발생하는 것을 볼 수 있다.

이는 다운 힐라이에서 토핑이 가장 많이 발생하기 때문에 그걸 염려한 나머지 오른손을 깊게 넣었을 때 클럽 힐 부분에 공이 맞기 때문이다.

대개 한쪽을 너무 의식했을 때 반대의 악영향을 받는 경우가 발생한다.

다운 힐 라이에서는 토핑을 막아야한다. 그럴 때일수록 인사이드 아웃으로 오른손이 앞으로 내밀리지 않게 오른쪽 어깨를 단단히 잡고 샷을 해나간다.

● 대다수의 아마추어들이 제대로 사용할 줄 아는 골프용구는 연필뿐이다. - 치치 로드리게스 ●

업 힐, 다운 힐 라이의 스윙 궤도의 이해 10

대개 업 힐 라이의 샷은 훅 볼 발생,
다운 힐 라이에서는 슬라이스 볼이
발생한다고 말한다.
그러나 막연히 이런 주문을
의식없이 따른다면 발전이 없다.

업 힐이나 다운 힐 라이에서 어드레스 할 때 유심히 헤드의 모양을 보면 공의 방향을
직감하게 된다.

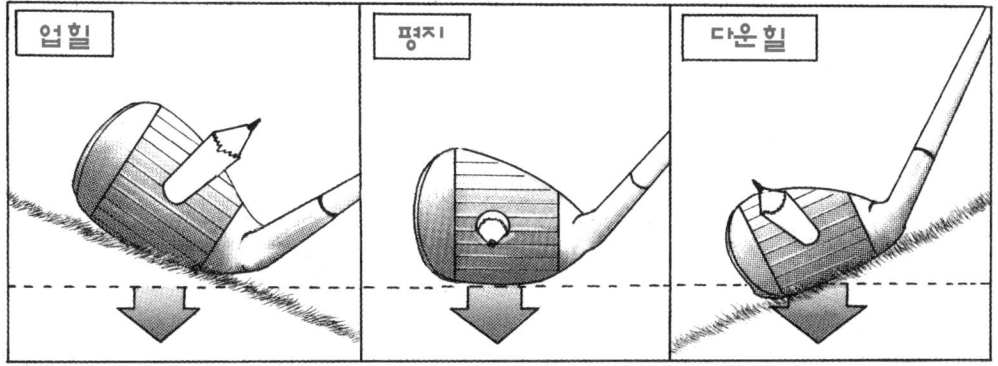

지형에 따라 스윙궤도가 평지 때보다 달라지기 때문에 스윙의 각을 생각해 볼 수 있게 된다.
그렇다고 무리해서 스윙 궤도를 바꾸는 것보다 방향을 오조준해서 그것을 상쇄시키는 쪽으로
공략하는 것이 유리하다.

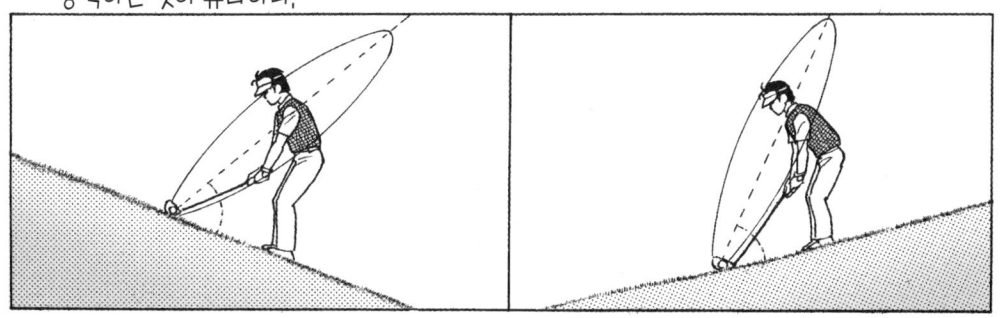

11 내리막 경사면(1)

그린을 오버해서 내리막 경사면에서 핀에 붙여야 할 때는 어려운 샷이 된다.

가장 주의해야 할 점은 절대 공을 퍼올리려 해서는 안 된다.

샌드웨지나 피칭웨지를 선택해서 짧게 잡고 오픈 스탠스로 선다. 공은 오른발 쪽에 위치시킨다.

손목을 꺾어 콕을 하며 헤드를 들어올린 후,

위에서 헤드를 떨어뜨리듯 공을 쳐주며 경사면을 따라 휘둘러 빼준다.

체중

결코 퍼올리려 해서는 안 된다. 위에서 헤드를 떨어 뜨리기만 해도 어느 정도 공은 뜨게 된다.

내리막 경사면(2) 12

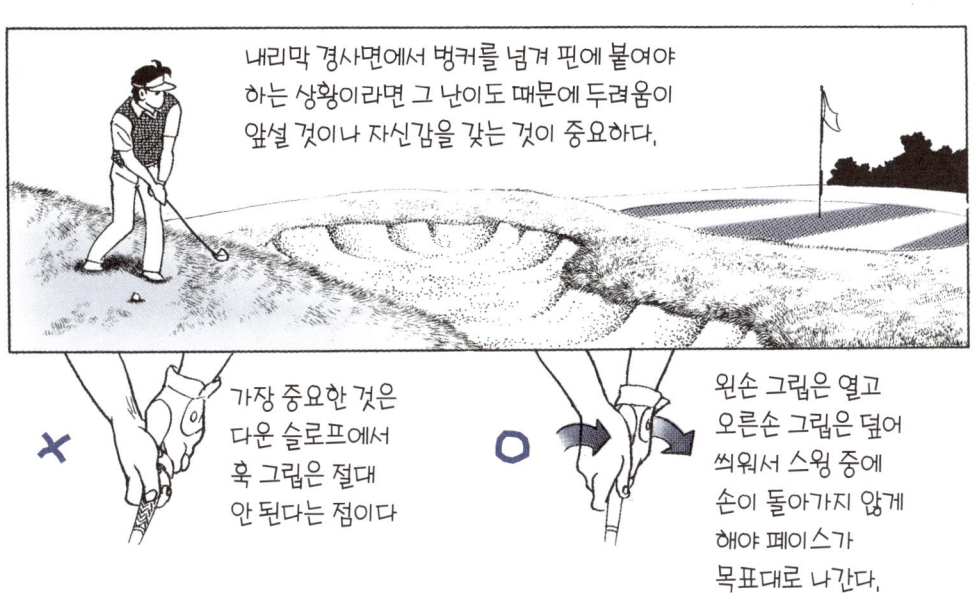

내리막 경사면에서 벙커를 넘겨 핀에 붙여야 하는 상황이라면 그 난이도 때문에 두려움이 앞설 것이나 자신감을 갖는 것이 중요하다.

✗ 가장 중요한 것은 다운 슬로프에서 훅 그립은 절대 안 된다는 점이다

○ 왼손 그립은 열고 오른손 그립은 덮어 씌워서 스윙 중에 손이 돌아가지 않게 해야 페이스가 목표대로 나간다.

오픈 스탠스에 체중은 왼 다리에 걸치고 공은 오른 쪽에 위치시킨다.

이 자세면 페이스는 자연스럽게 덮어지는데 굳이 페이스를 더 오픈 시킬 필요는 없다.

퍼올리려 하지 말고 헤드를 떨어뜨려만 주면 공은 충분히 떠서 벙커를 넘어 갈 것이다.

Golf

용어 해설(ㅈ~ㅎ)

잠정구(provisional ball) : 타구한 공이 분실되거나, OB의 우려가 있을 때, 시간 절약을 위해 같은 장소에서 예비로 치는 공. 잠정구를 칠 때는 함께 플레이하는 동료에게 꼭 알리고 쳐야 한다.

칩 샷(chip shot) : 사전상으로는 손목만 놀려 볼을 짧게 친다는 뜻이다. 골프에서는 어프로치 샷의 일종으로 단거리에서 핀을 향해 치는 샷이다. 4·5·6번 아이언을 사용한다.

칩 인(chip in) : 칩 샷으로 공이 홀에 들어가는 것.

컨시드(concede) : 매치 플레이 때 상대방이 공을 원 퍼트로 넣을 수 있다고 생각되는 경우 홀 아웃하기 전에 'OK'라고 말해서 홀을 주는 것. 스트로크 플레이에서는 허용되지 않는다.

코스 레이트(course rate) : 기준이 되는 플레이어의 플레이를 기준으로 해서 그 코스의 여러가지 조건을 고려해서 정한 코스의 난이도.

코스 레코드(course record) : 각 코스에서의 공식전의 최고 스코어(가장 적은 타수) 기록.

토핑(toping) : 공의 중심에서 위를 치는 것. 헤드업을 하면 토핑이 된다.

트러블 샷(trouble shot) : 곤란한 타구. 치기 나쁜 러프에서 치는 것.

페어웨이(fairway) : 티 그라운드와 그린까지의 잘 손질된 잔디 지대.

포대 그린 : 포대(대포를 장치한 대)와 같이 깎아 세운 대처럼 되어 있는 그린.

폴로 스루(follow through) : 공을 친 다음, 클럽 헤드의 움직임을 정지하지 않고 비구선(飛球線)을 따라 계속해서 스윙하는 것.

플랫 스윙(flat swing) : 지면에 수평인 상태의 스윙. 반대는 업라이트(upright) 스윙.

플럼 밥(plumb-bob) : 눈을 가까이 대고 퍼터를 얼굴 앞에 수평으로 놓고서 퍼트 라인을 그려보는 것.

헤드 업(head up) : 임팩트 순간에 공에서 눈을 떼고 머리를 드는 것.

홀 매치(hole match) : 각 홀마다 승부를 정하는 경기 방식. 매치 플레이.

홀(hole) : 4¼인치 넓이의 최종 목표(지름 10.8 ㎝, 깊이 10.16 ㎝ 이상).

훅(hook) : 공이 처음엔 오른쪽으로 가다가 나중에 왼쪽으로 심하게 구부러지는 것.

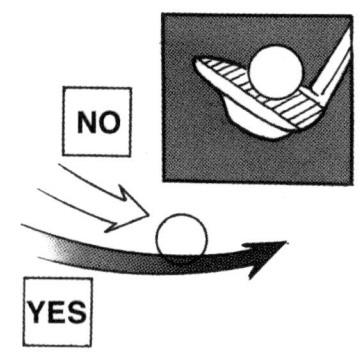

onepoint lesson

제10장
트러블 샷
Trouble Shot

1 긴 잔디에 파묻힌 공의 샷

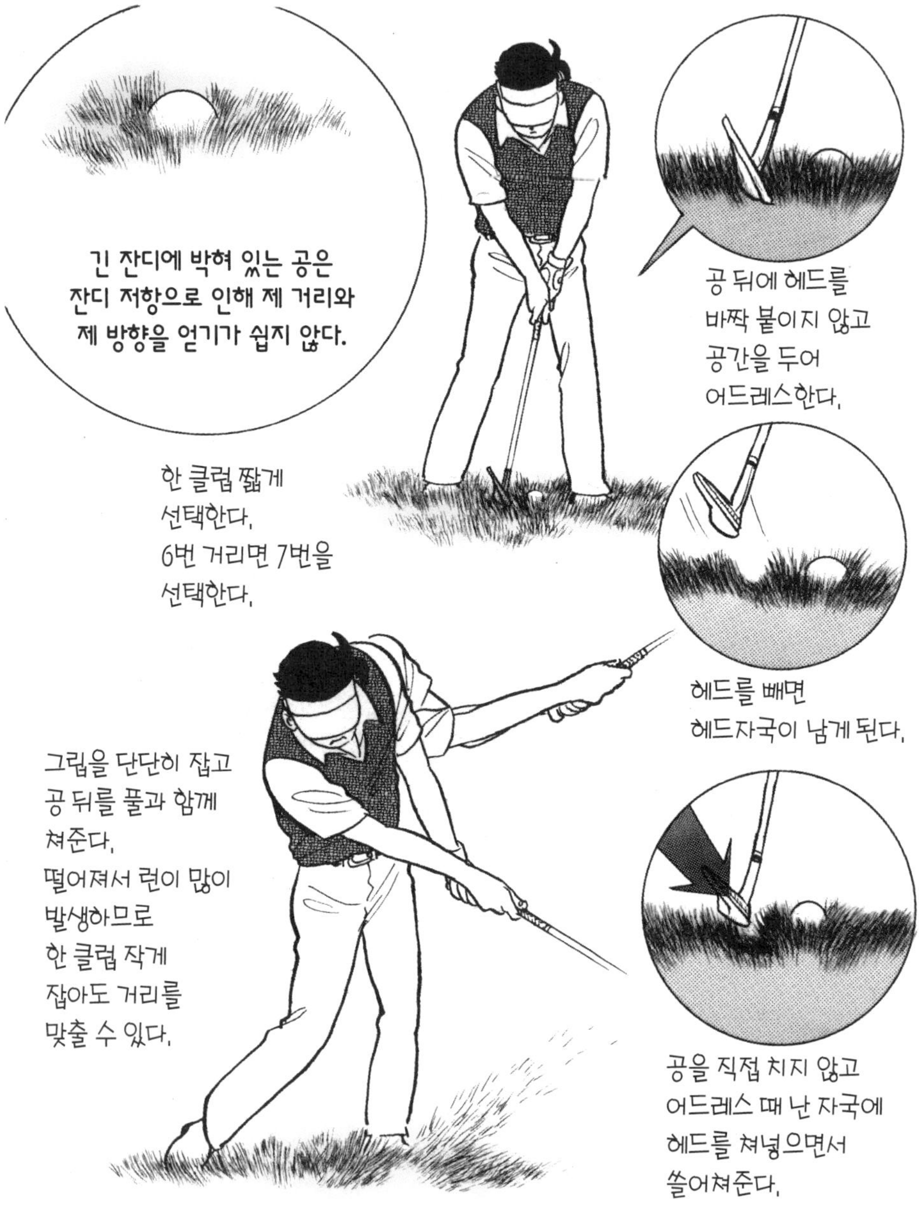

긴 잔디에 박혀 있는 공은 잔디 저항으로 인해 제 거리와 제 방향을 얻기가 쉽지 않다.

한 클럽 짧게 선택한다. 6번 거리면 7번을 선택한다.

공 뒤에 헤드를 바짝 붙이지 않고 공간을 두어 어드레스한다.

헤드를 빼면 헤드자국이 남게 된다.

그립을 단단히 잡고 공 뒤를 풀과 함께 쳐준다.
떨어져서 런이 많이 발생하므로 한 클럽 작게 잡아도 거리를 맞출 수 있다.

공을 직접 치지 않고 어드레스 때 난 자국에 헤드를 쳐넣으면서 쓸어쳐준다.

● 이상적인 그립은 손가락이 아프거나 살갗이 벗겨지는 일도 없으며 굳은 살이 박히거나 팔에 피로를 느끼는 일도 없다. - 샘 스니드 ●

숲속에서의 탈출 샷 2

러프 속에서 나무사이의 좁은 공간으로 공을 탈출시키려 할 때 보내고자 하는 지점까지의 거리를 유념해야 한다.

큰 스윙은 또다른 러프로 빠질 공산이 크며, 결과가 궁금해서 머리를 빨리 들면 십중팔구 실패가 따른다.

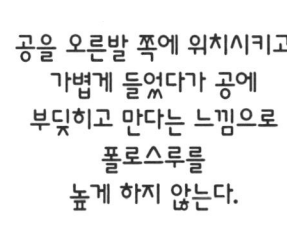

공을 오른발 쪽에 위치시키고 가볍게 들었다가 공에 부딪히고 만다는 느낌으로 폴로스루를 높게 하지 않는다.

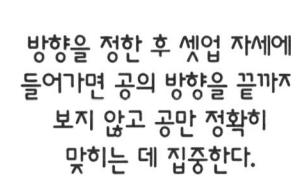

방향을 정한 후 셋업 자세에 들어가면 공의 방향을 끝까지 보지 않고 공만 정확히 맞히는 데 집중한다.

3 백 스윙이 나무에 걸릴 때

백 스윙이 나무에 걸릴 때 정상적인 샷을 하기 어려워 클럽을 짧게 잡고 스윙을 하게 된다.

그러나 빈 스윙 때 걸리지 않던 것이 정작 공을 치려 할 때는 스윙이 커져서 나무를 건드린다거나 또는 나무를 의식하여 뒤땅이나 아예 공도 맞추지 못할 때가 많다.

이럴 땐 클럽을 짧게 잡고 나무가 걸리지 않도록 흔들흔들 빈 스윙을 계속한다.

그리고 그 흔들림의 원심력의 탄력으로 그대로 공을 쳐 나간다. 빈 스윙과 진짜 스윙을 구분하지 않고 좌우로 흔들다가 그대로 공을 맞춰가는 것이다.

긴 거리를 남겨둔 러프 샷 4

그린까지는 먼데 러프에 공이 빠졌을 때는 우드나 롱 아이언을 사용하면 안 된다.

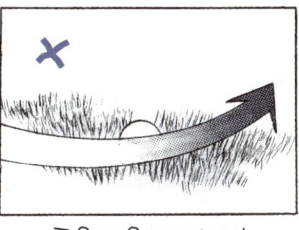

공을 떠올리려 해서는 실패가 따른다.

러프잔디의 저항을 적게 하기 위해 헤드를 가능한 한 위에서부터 떨어 뜨린다.

체중은 약간 왼쪽다리에 많이 걸치고, 공을 평소보다 약간 오른쪽에 위치시킨다.

왼쪽다리에 걸친 체중은 이동없이 빠르게 콕하여 헤드를 올린다.

다운 스윙은 헤드를 위에서부터 던져 맞혀준다.
거리를 의식해서 폴로스루를 무리하게 하지 않는 편이 좋다.
공에 부딪혔으면 자연에 맡겨둔다.

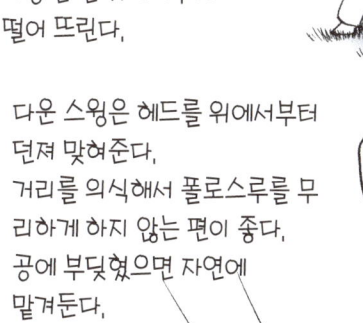

공과 클럽페이스 사이에 잔디가 끼어 백 스핀이 걸리지 않아 런이 많다.
7번으로도 6번 거리가 나오므로 계산에 넣고 샷을 한다.

5 공의 라이에 따라 클럽을 선택

비 러프에 공이 떠있음에도 샌드웨지로 공략한다거나 공이 묻혀있는데 롱 아이언을 사용한다면 실패가 따를 뿐이다.

아무리 멀리 보내고 싶어도 공이 묻혀 있으면 롱 아이언은 칠 수 없으며 공이 떠 있다면 우드로 공략할 수 있게 된다.

즉, 사용 클럽이나 치는 방법은 남은 거리가 아니라 라이가 결정한다.

8-9 아이언 이하

우드나 롱 아이언

샌드웨지 이외 곤란

우드 사용 불가능 미들 아이언 사용

● 생각할수록 어려운 것이 골프다. 이 복잡한 심술꾸러기가 끊임없이 사람을 흥분시킨다. - 버나드 다윈 ●

나무를 피해가는 슬라이스 샷 6

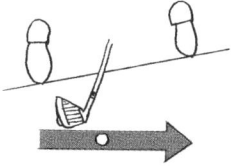

의도적으로 슬라이스를 내기 위해 스탠스를 오픈으로 취하고 공은 오른발 가까이 위치시킨다.
클럽 페이스는 오픈.

체중은 왼 다리에 더 걸치고 어드레스하면 자연히 핸드퍼스트의 자세가 된다.

백 스윙은 밖으로 들어 올린다.

나무를 도저히 넘길 수 없는 경우 나무를 돌아 핀에 접근시켜야 할 때 슬라이스 볼이 나오도록 샷을 한다. 런이 많지 않아 오버되는 일이 없기에 유리하다.

다운 스윙은 아웃 사이드 인의 궤도로 쳐 내려온다.
이때 손목의 콕킹은 거의 쓰지 않고 아주 강하게 빨리 쳐박아 주고, 왼팔꿈치를 굽히며 클럽을 뺀다.

7 나무를 피해가는 훅 샷

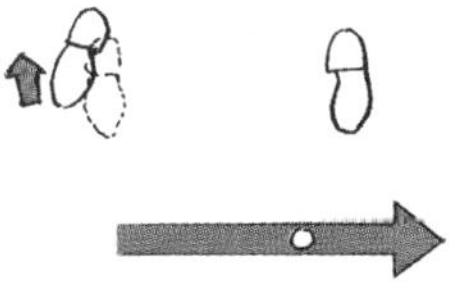

우선 스탠스 때 오른발을 뒤로 빼고 왼발 가까이에 공을 위치시키고 어깨를 목표를 향해 닫아준다.

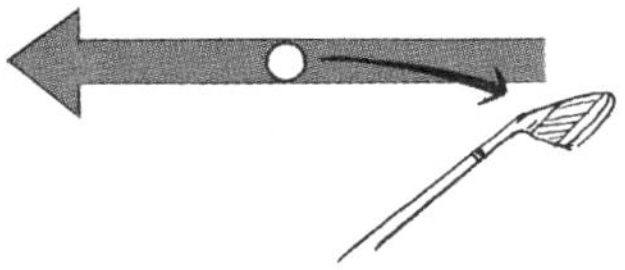

어쩔 수 없이 훅 볼로 나무를 피해 그린에 근접시키려면 슬라이스의 반대 개념으로 생각한다.

백 스윙은 인사이드로 낮게 빼준다.

톱에서는 손목 콕킹을 많이 느끼며 다운 스윙에 들어간다.

헤드업을 특히 주의하고, 철저하게 인사이드 아웃으로 스윙한다. 왼발 축을 단단히 잡아주고 쓸어치듯 헤드가 공을 안고 나가는 느낌이다.

● 18홀까지의 스윙 시간은 불과 5분밖에 되지 않는다. 나머지 긴 시간은 모두가 반성을 위해 준비된 시간들이다. - 잭 웨스트랜드 ●

나무를 넘기는 클럽 선택 8

나무를 넘겨서 온 그린시켜야 할 때 과연 몇번 클럽을 선택해야 나무를 넘길 수 있을지 망설여 질 때가 있다.

이럴 땐 클럽을 지면에 놓고 헤드를 발로 밟아서 샤프트의 각도를 측정한다면 클럽 선택을 쉽게 할 수 있게 된다. 그 다음은 클럽의 로프트를 믿고 확실한 샷을 구사하면 된다.

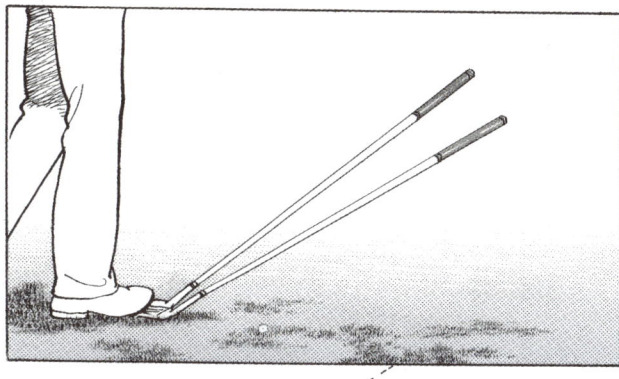

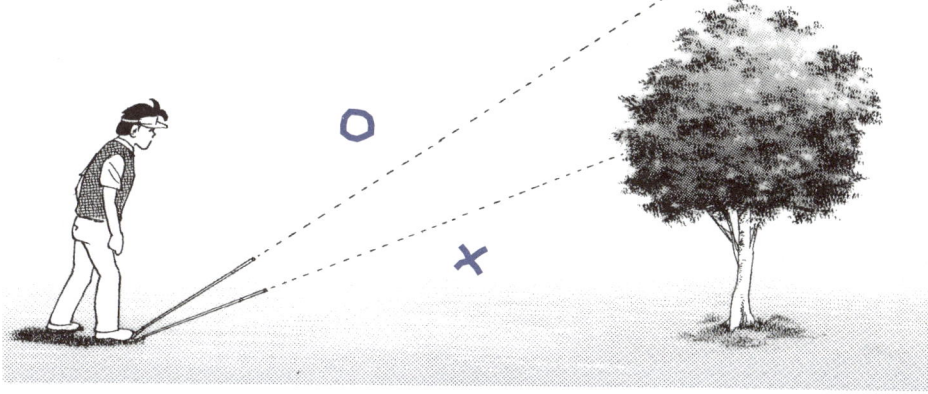

싱글로 가는 원포인트 레슨

9 나무를 넘기는 샷

나무를 넘기기 위해 합당한 클럽을 선택한 후, 높이 띄워서 나무를 넘기는 샷을 구사해야만 성공할 수 있게 된다.

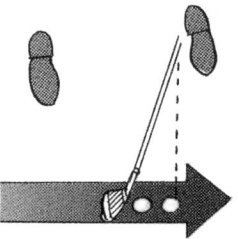

어드레스 때 오픈 스탠스에 공을 약간 오른발 쪽에 두고 클럽페이스를 열어 자세를 취한다.

왼쪽 어깨는 나무 높이 끝을 겨누고 체중은 오른 다리에 걸친다.

백 스윙은 가능한 한 크게 높이 올린다. 그리고 헤드 업에 신경을 쓰며 오른 다리에 체중을 걸친 채 체중이동 없이 샷을 한다.

퍼올리려 해서는 오히려 공이 뜨지 않으니 착실히 다운 블로우로 공을 잡아 휘둘러 준다.

● 골프는 세 번이나 즐길 수 있는 게임이다. 코스에 도착하기까지, 플레이 중일 때, 플레이를 마쳤을 때. 단, 그 내용은 기대, 절망, 후회의 순서이다. - 아더 발포아 ●

onepoint lesson

제11장
바람 불고 비오는 날의 샷
WINDY & RAINY DAY'S SHOT

#

1 맞바람이 부는 날의 드라이버 샷

맞바람이 불 때 평상시와 같은 높은 피니시 샷을 구사하면 공은 더욱 높이 떠서 거리를 손해보기 마련이다.

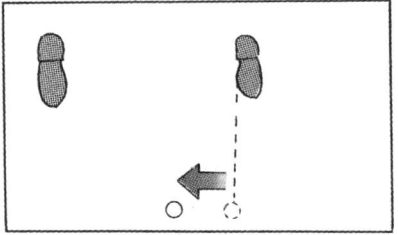

이럴 땐 평상시보다 공 두서너개 정도 안으로 넣고 어드레스 한다.

그리고 체중을 왼 다리에 많이 걸치는 자세를 취한다.

이렇게 하면 커다란 폴로스루가 생기지 않게 된다.

이런 자세로 치면 낮은 탄도의 공을 구사할 수 있게 된다. 주의할 점은 스윙 중에 몸의 축이 움직이지 않도록 해야 한다.

맞바람 부는 날의 아이언 샷 2

바람이 부는 날은 가급적 바람의 영향을 덜 받게 공을 쳐야 방향과 거리에서 오차를 줄일 수 있다.

탄도가 낮은 공을 구사 해야만 한다.

낮은 공을 치기 위해서는 평소보다 공을 좀더 오른발 쪽에 위치시킨다.

이렇게 하면 자연스레 핸드 퍼스트 자세가 되고 체중도 왼 다리에 조금 더 걸치게 해준다.

백 스윙은 조금 작고 부드럽게 올린다.

다운 스윙에서 임팩트까지 조금은 가파르게 공에 부딪혀 간다.
임팩트 이후 폴로스루가 높지 않게 손이 허리 높이 이상 올라가지 않게 해준다.

3 뒷바람이 불 때의 드라이버 샷

바람이 뒤에서 불어올 때는 가능한 빠른 속도로 띄워 올리는 샷이 유리하다.

높이 띄우는 공을 치려 할 때는 스윙 내내 오른쪽 어깨를 왼쪽 어깨보다 낮게 가져가야 한다.

자연히 체중은 오른발에 두고 백 스윙 때는 특히 오른발에 완전히 체중을 싣는다.

임팩트 때 오른팔과 손의 역할을 크게 느끼게 오른팔을 곧장 앞으로 뻗어준다.

폴로스루는 높게 가져간다. 공이 높게 뜨면 깜짝 놀랄만큼 먼거리로 공을 날릴 수 있게 된다.

● 골프는 당장 능숙해지지는 않겠지만 매너만은 처음부터 몸에 익힐 것. ●

측면에서 부는 바람일 때의 샷 4

바람이 왼쪽에서 오른쪽으로 불 때, 그린을 공략하기 위해 의도적인 훅 볼로 바람을 상쇄시키는 골퍼가 많다.

슬라이스 바람이니, 훅 볼로 공략한다.

그러나 오히려 더 슬라이스 볼이 나와 망치는 경우가 있다.

이는 훅 볼과 슬라이스가 같은 원인 즉, 아웃 사이드 인의 스윙 궤도에서 발생하기 때문이다.

바람이 분다고 의도적인 훅 볼이나 슬라이스 볼을 치는 것은 현명한 방법이 못 된다.

어떤 경우라도 샷은 일정한 것이 좋다. 목표를 오조준해서 바람에 실어보내는 샷을 하는 것이 유리하다.

5 바람의 측정

비오는 날의 샷 6

비오는 날에 티업이 낮아 물기 머금은 잔디를 쓸어치게 되면 그 저항으로 헤드 스피드가 나지 않게 된다.

비오는 날은 평소보다 티업을 좀 더 높게 해줘야 한다. 잔디의 저항을 조금도 받지 않고 공만 걷어치기 쉬워진다.

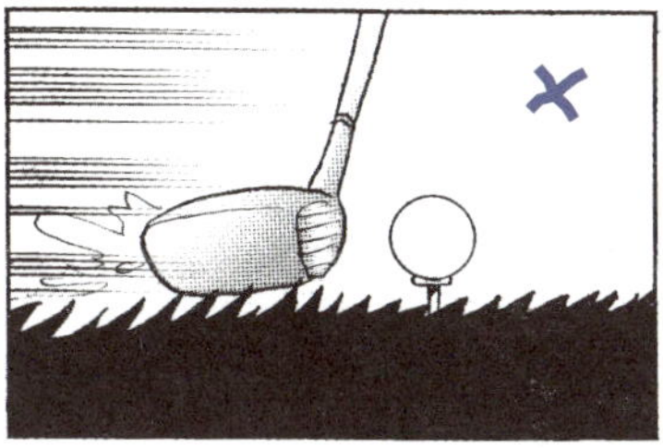

어드레스 때 너무 공에 가깝게 다가서는 자세는 공 아래를 치게 되어 스카잉 볼이 나오게 되므로 공에서 좀더 떨어져서 어드레스해야 한다.

이렇게 되면 티가 높다고 공 밑을 파는 일도 없으며 잔디를 스치지 않기 때문에 헤드 스피드가 줄지 않아 원하는 거리를 얻을 수 있다.

싱글로 가는 원포인트 레슨   Golf >> **155**

Golf

7 비오는 날의 클럽 선택

비오는 날의 세컨 샷에서 많은 거리를 남겨두었을 때 롱 아이언을 선택하는 것은 자칫 실패가 따른다.

대개 롱 아이언은 힘이 없는 사람일수록 평소에도 띄우기가 어려워 힘든 샷이 된다.

이때 3번 아이언 대신 우드 5번으로 공략해보길 권하고 싶다. 우드 5번은 로프트가 높아 쉽게 뜨기 때문이다.

우드 5번은 롱 아이언보다 물기 먹은 잔디의 저항을 잘 이겨 낸다.

● '있는 그대로'의 의미는 공의 라이뿐만 아니라 날씨, 컨디션, 환경 등 모든 것이 포함된다. - 보비 록 ●

9 비가 올수록 몸을 충분히 돌려주며 샷을 하라

비오는 날은 이상하리 만큼 훅 볼이 많이 발생하곤 한다.

앗 훅 볼이다.

그것은 비 때문에 스윙 전체가 오그라들어 큰 스윙을 못하고 팔로만 치는 샷이 되기 때문이다. 몸은 돌아가지 않고 팔로만 걷어치니 자연히 훅 볼이 많이 발생하는 것이다.

더구나 잔디가 물을 머금고 있어서 클럽헤드가 많은 저항을 받아, 치고 빠지지 못하고 돌아버리기 때문이다.

때문에 비오는 날은 스윙을 정확히 해야한다. 그리고 충분히 몸을 돌려주어야 미스 샷을 줄일 수 있다.

마치 비러프 긴 잔디의 저항으로 채가 말리면서 훅이 나는 경우와 같은 이치이다.

● "영국의 명인 해리 바튼은 3년 동안 한 번도 벙커에 공을 넣지 않았다"고 한 골프선배가 말하자 후배인 비기너가 말했다. "아! 나도 그런 코스에서 플레이하고 싶다." ●

11 비오는 날의 쇼트 아이언

비오는 날이라고 해도 쇼트 아이언을 걷어친다는 것은 아무래도 무리가 따른다. 그렇다고 다운블로로 치다가 약간만 잘못되면 덜컥히고 헤드가 박혀 형편없는 샷이 나온다.

이와 같은 뒤땅을 방지하기 위해 한 클럽 더 길게 잡고 그립을 짧게 잡는다.

다운 스윙에서는 넉넉하게 공을 부딪쳐 간다. 가파르게 헤드를 떨어뜨리는 느낌이다. 큰 폴로스루는 생략한다.

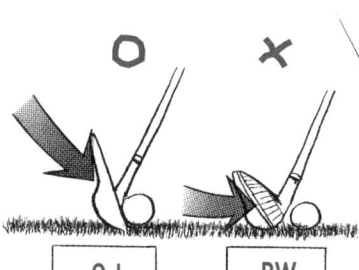

피칭거리라도 9번 아이언을 선택한다면 헤드 로프트가 높아 사용하기 편하고 더프의 걱정도 줄어든다.

비오는 날의 쇼트 어프로치 12

비오는 날 그린에지에 공이 파묻혀 있을 때 쇼트 아이언으로 런닝어프로치를 시도해야 한다. 이때, 물에 젖은 잔디의 저항을 생각해야 한다.

짧은 거리일수록 가볍게 샷을 하는 것이 일반적인 공략이지만 잔디의 저항으로 헤드가 빠지지 않아 왼쪽으로 흐르는 경우가 많게 된다.

잔디 저항으로 헤드가 빠지지 않으면 덮어 맞기 때문이다.

이럴 땐 평소보다 강한 그립으로 빠지지 않는 헤드의 뒤틀림을 막아주는 샷이 필요하다.
또한 쓸어치거나 무리하게 헤드를 빼기보다 위에서 공을 찍어주고 만다는 느낌으로 잔디의 저항을 이겨나간다.

13 비오는 날의 퍼팅

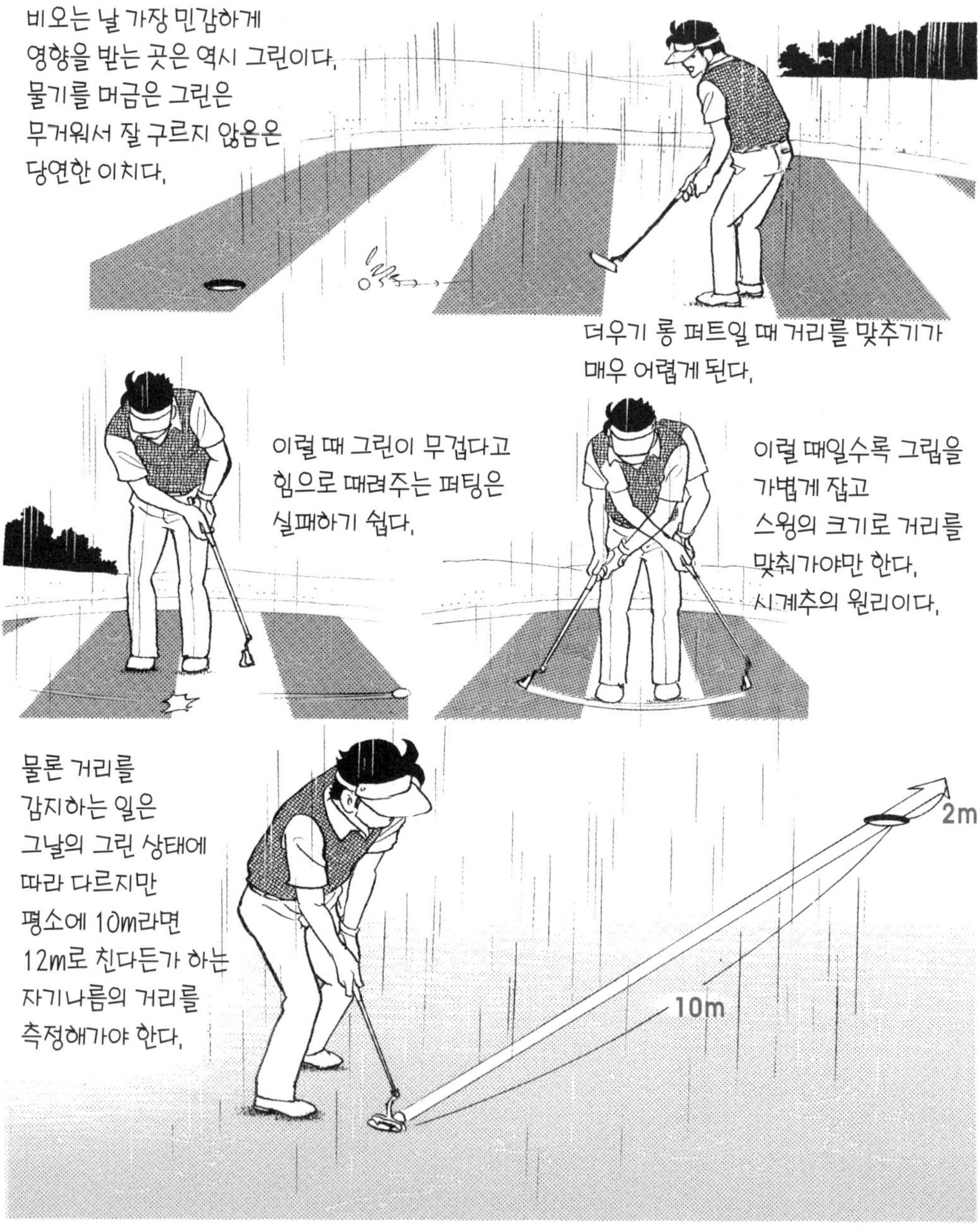

비오는 날 가장 민감하게 영향을 받는 곳은 역시 그린이다. 물기를 머금은 그린은 무거워서 잘 구르지 않음은 당연한 이치다.

더우기 롱 퍼트일 때 거리를 맞추기가 매우 어렵게 된다.

이럴 때 그린이 무겁다고 힘으로 때려주는 퍼팅은 실패하기 쉽다.

이럴 때일수록 그립을 가볍게 잡고 스윙의 크기로 거리를 맞춰가야만 한다. 시계추의 원리이다.

물론 거리를 감지하는 일은 그날의 그린 상태에 따라 다르지만 평소에 10m라면 12m로 친다든가 하는 자기나름의 거리를 측정해가야 한다.

2m

10m

● 드라이버는 쇼, 퍼팅은 돈! Driving is show, Putting is Dough. ●

비오는 날의 퍼트 라인 읽는 법 14

골프 사이트 가이드

1. 골프단체 홈페이지

한국프로골프협회 www.koreapga.com
프로테스트 일정안내, 투어 선발규정, 세미
선발규정, 티칭 선발규정, 회원동정 등

한국여자프로골프협회 www.klpga.com
투어 일정, 2001년 KLPGA 출전자격자
명단, 국내 경기기록 등

대한골프협회 www.kgagolf.or.kr
2001년 경기일정, 국가대표 및 상비군 소개

한국중·고등학교골프연맹
www.kjga.or.kr
대학진학 가이드 및 유학·연수 상담

2. 골프정보

골프 스카이 www.golfsky.com
골프칼럼니스트 김흥구의 골프칼럼 등 국내
최정상의 인기 웹사이트

SBS골프 www.sbsgolf.com
SBS골프 TV의 홈페이지. 임경빈의 골프
아카데미를 비롯한 다양한 레슨과 동영상

골프1 www.golf1.co.kr
최첨단 스윙분석기로 스윙폼 무료교정.
뉴스&투어, 부킹, 레슨, 쇼핑

골프토피아 www.golftopia.co.kr
부킹, 동호회, 골프회원권 거래, 벼룩시장

3. 해외

1) 골프 단체 홈페이지
미국프로골프협회 www.pga.com/
미국여자프로골프협회 www.lpga.com/
미국골프협회 www.usga.org/
영국골프협회 www.randa.org/
일본골프협회 www.jga.or.jp/
데이비드 리드베터 골프아카데미
    www.leadbetter.com/

2) 골프정보
NBC골프투어 www.golf.com
골프다이제스트 www.golfdigest.com
골프웹 www.golfweb.com
골프채널닷컴 www.thegolfchannel.com

3) 프로골퍼 홈페이지
타이거우즈 www.tigerwoods.com/
데이비드 듀발 www.geocities.com/
    Augusta/7975/
닉팔도 members.aol.com/chrisdicks/
    faldo.html
그렉노만 www.shark.com/oneonone/
존 댈리 www.gripitandripit.com/
잭 니클라우스 www.nicklaus.com/
애니카소렌스탐 members.aol.com/ripey
    /annika/anni.htm

o n e p o i n t l e s s o n

제12장
코스 공략법
COURSE ATTACK

1 첫 홀의 티 샷은 안전한 클럽을 선택하라

코스에 나가서 첫 홀의 첫 티샷을 미스하는 골퍼를 흔히 볼 수 있게 된다.
이는 아직, 필드에 몸이 적응되지 않았기 때문이다.

티샷은 드라이버라야 한다는 생각을 버려야 한다.

그것도 오랜만에 코스에 나가서 첫 티샷을 할 때는 드라이버를 잡지 않는 것이 좋다.
3번이나 4번 우드, 자신이 있는 클럽을 선택해서 가볍게 공략하는 것이 좋다.

세계적인 프로선수들도 첫 티샷은 섣큼 드라이버를 잡지 않는다는 것을 명심하자.
코스가 까다로운 홀을 만나도 마찬가지.
드라이버 대신 3번 우드나 아이언에 관심을 가져보는 것이 좋다.

미묘한 거리에선 큰 클럽을 선택한다 2

그린을 공략할 때, 클럽 선택이 어려울 만큼 미묘할 때가 있게 된다.

7번은 크고 8번은 짧을 것 같고.

이럴 때 짧은 클럽으로 마음껏 치게 되면 무리한 샷이 되어 잡아당겨진다거나 터무니 없이 커져서 좋지 않다.

짧은 만큼 힘껏...

이럴 땐 한클럽 크게 선택해서 가볍게 스윙해 가는 것이 성공확률이 높다.

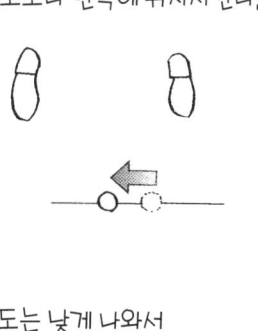

만일 짧은 클럽을 선택했다면 무리하게 크게 치는 것보다 공을 평소보다 안쪽에 위치시킨다.

8번으로 7번 로프트를 만드는 것이다.

탄도는 낮게 나와서 8번과 7번의 중간 거리를 얻을 수 있게 된다.

싱글로 가는 원포인트 레슨

3 포대 그린의 핀 공략법

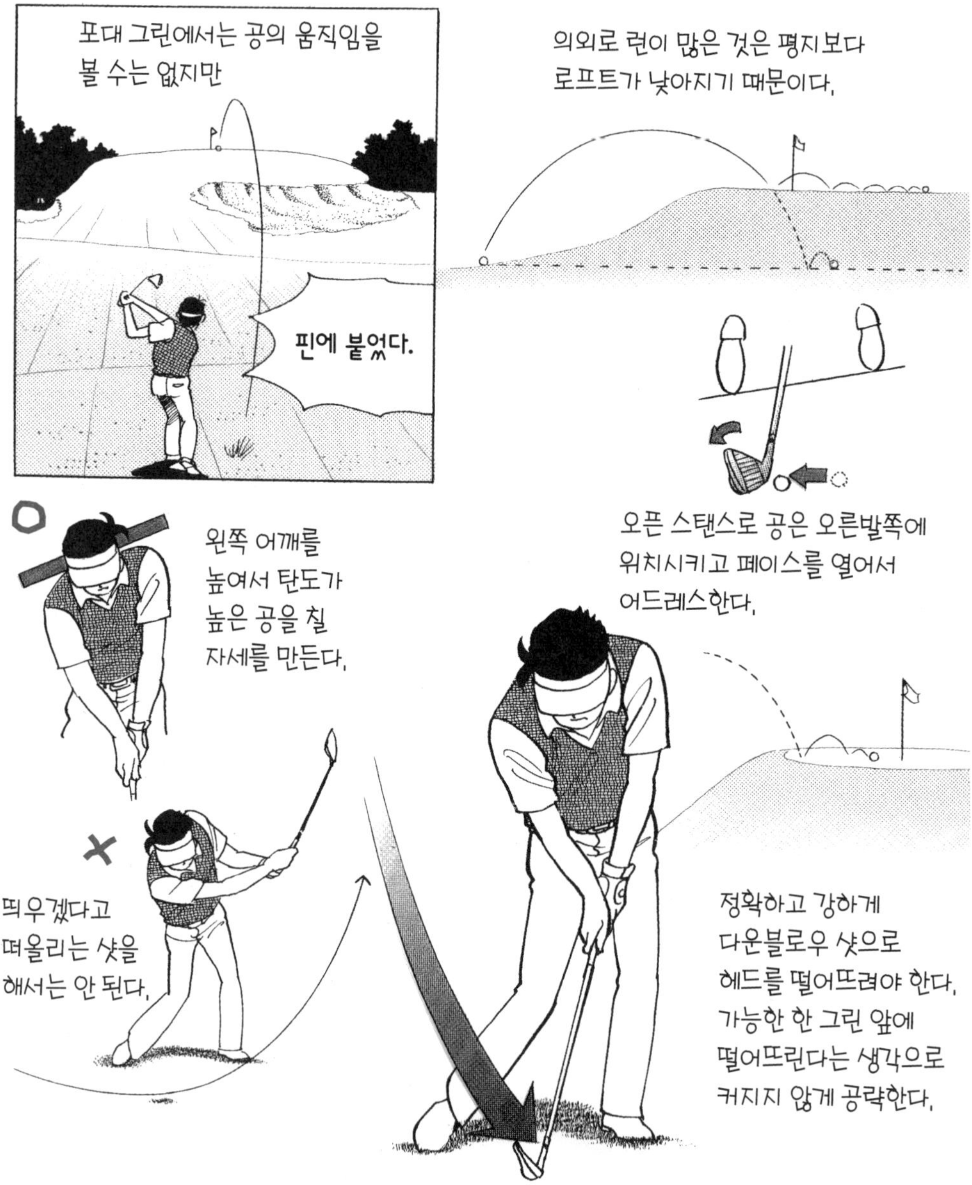

포대 그린에서는 공의 움직임을 볼 수는 없지만

핀에 붙었다.

의외로 런이 많은 것은 평지보다 로프트가 낮아지기 때문이다.

오픈 스탠스로 공은 오른발쪽에 위치시키고 페이스를 열어서 어드레스한다.

O 왼쪽 어깨를 높여서 탄도가 높은 공을 칠 자세를 만든다.

X 띄우겠다고 떠올리는 샷을 해서는 안 된다.

정확하고 강하게 다운블로우 샷으로 헤드를 떨어뜨려야 한다. 가능한 한 그린 앞에 떨어뜨린다는 생각으로 커지지 않게 공략한다.

● 퍼트의 라인은 처음이 가장 정확하다. 생각하면 할수록 결국은 혼란한 상태에서 치게 된다. - 조지 던컨 ●

내리막 그린의 공략 4

포대 그린과 반대로 내리막 경사 후 그린인 경우는 런이 거의 발생치 않는다.

내리막 경사 후의 그린이라면 거의 수직으로 떨어지는 공이 되므로 런이 발생치 않으니 핀을 직접 노려야 한다.

다만 핀을 직접 노리다가 커지는 경우가 있게 된다. 내리막 그린은 평지보다 한두 클럽 짧게 잡아야 거리가 맞기 때문이다.

핀을 직접 노리되, 내리막 그린은 짧은 클럽을 선택한다는 것을 잊지 말자.

5 그린 중앙은 다른 어느 곳보다도 핀에 가까운 곳이다

그린 오른쪽엔 깊은 벙커가 있다. 벙커 너머 오른쪽에 꽂혀 있는 핀을 직접 공략하는 것은 위험이 따른다.

그렇다고 지나치게 왼편을 노리다가 러프에 빠지는 경우도 생긴다.

이럴 때는 그린 중앙을 노려야 한다. 그린 중앙은 핀 어느 곳에나 가깝다는 말이 있다.

물론 페이드 샷에 자신이 있는 골퍼라면 왼쪽에서 오른쪽으로 휘게 치는 것이 가장 바람직한 샷이 될 것이다.

아뭏든 이런 경우에는 오른쪽, 왼쪽에 신경쓸 것 없이 그린 한가운데를 노리고 샷을 해나가야 한다. 그린 한복판은 일단 버디 찬스라는 생각을 가진다.

그린을 직접 공략한다거나 또는 벙커를 의식해서 왼쪽을 노린다거나 하다가 미스 샷을 하기 쉽다. 그린 중앙이 가장 좋은 곳이라고 생각한다.

● 마지막 퍼팅까지 최선을 다하지 않는 사람을 경멸한다. - 보비 존스 ●

코스 공략법 6

Golf

7 긴 거리의 그린 공략법

롱 아이언이나 페어웨이 우드로 그린을 공략해야 할 만큼 긴 거리일 때는 핀을 바로 노리다가 큰 곤경에 빠지는 경우가 많다.

긴 거리의 그린을 공략할 때는 프로들이라도 핀에 붙인다는 것은 어려운 일이다.

이럴 때는 그린과 그린 사이, 즉 페어웨이 한복판을 노리는 것이 현명하다.

그린 근처에만 가면 성공이라는 기분으로 공략해 가야한다. 그렇게 되면 목표방향이 넓어지면서 마음도 편안해진다.

어프로치 샷으로 파를 노린다는 생각으로 공략해 간다면 큰 실패를 불러오는 일은 없게 된다.

● 퍼트를 제어한 자는 모든 적을 제어한다. ●

지나치면 짧은 것보다 못하다 8

포대 그린은 생각보다 런이 많아 핀을 직접 노리면 그린을 오버하는 일이 많다.

또한 백 핀일 경우도 직접 핀을 노려서 오버되는 경우도 많다.

대개 그린을 오버하게 되면 내리막 라인에 처하게 되어 핀에 붙이기가 무척 까다로운 라이에 있게 된다.

이럴 때는 가급적 핀을 오버하지 않도록 공략해 가는 것이 현명하다.

설사 짧아서 온 그린에 실패했다고 해도 그린 뒤에서 핀에 붙이기보다 훨씬 쉬운 라이의 어프로치 샷을 하게 되어 실패가 따르지 않는다. 커서 지나치면 짧은 것보다 못하다는 생각을 가지고 핀을 공략해야 한다.

싱글로 가는
원포인트 레슨 ①

2판 1쇄 | 2006년 12월 13일
2판20쇄 | 2021년 7월 26일
저　　자 | 이상무
발 행 인 | 김인태
발 행 처 | 삼호미디어
등　　록 | 1993년 10월 12일 제21-494호
주　　소 | 서울특별시 서초구 강남대로 545-21 거림빌딩 4층
　　　　　www.samhomedia.com
전　　화 | (02)544-9456
팩　　스 | (02)512-3593

ISBN 978-89-7849-234-8 03690
ISBN 978-89-7849-250-8 (세트)

Copyright ⓒ 2001 이상무
출판사의 허락 없이 무단 복제와 무단 전재를 금합니다.

잘못된 책은 바꿔 드립니다.